Félix Azara

# Diario
# de un reconocimiento
### de las guardias y fortines que guarnecen la línea de frontera de Buenos Aires para ensancharla

Barcelona **2024**
**Linkgua-ediciones.com**

# Créditos

Título original: Diario de un reconocimiento de las guardias y fortines que guarnecen la línea de frontera de Buenos Aires para ensancharla

© 2024, Red ediciones S.L.

e-mail: info@red-ediciones.com

Diseño de cubierta: Michel Mallard.

ISBN rústica: 978-84-9897-693-9.
ISBN ebook: 978-84-9897-692-2.

# Sumario

# Brevísima presentación

## La vida

Félix de Azara, 18 de mayo de 1742 (Barbuñales, Huesca)-1821. (España.) Fue militar, ingeniero, explorador, cartógrafo, antropólogo y naturalista. Estudió en la Universidad de Huesca y en la Academia militar de Barcelona dónde se graduó en 1764. Sirvió en el regimiento de infantería de Galicia y obtuvo el grado de lugarteniente en 1775. Siendo herido en la guerra de Argel, sobrevivió de milagro.

Asimismo rechazó en 1815 la Orden de Isabel la Católica en protesta por los ideales absolutistas imperantes en España.

Mediante el tratado de San Ildefonso (1777), España y Portugal fijaron los límites de sus dominios en América del Sur y Azara fue elegido como uno de los cartógrafos encargados de delimitar con precisión las fronteras. Marchó a Sudamérica en 1781 para una misión de algunos meses y vivió allí veinte años.

Al principio se estableció en Asunción, Paraguay, para realizar los preparativos necesarios y esperar al comisario portugués. Sin embargo, pronto se interesó por la fauna local y comenzó a estudiarla acumulando el extenso archivo que más tarde conformó los cimientos de su obra científica.

Cabe añadir, además, que colaboró con José Artigas en el establecimiento de pueblos en las fronteras entre la Banda Oriental (actual Uruguay) y el Imperio del Brasil.

Azara murió en España en octubre de 1821, víctima de una pulmonía; fue también conocida su amistad con Goya, quien pintó un retrato suyo.

## Proemio al diario de Azara

Este cuaderno, que contiene uno de los tantos proyectos que se han formado para la seguridad de nuestros campos, recuerda también uno de los importantes trabajos de don Félix de Azara en estas provincias.

El virrey Melo, testigo del celo de este inteligente oficial en el Paraguay, aprovechó su inacción en Buenos Aires para encargarle el reconocimiento de nuestra frontera. La proximidad y el arrojo de los bárbaros mantenían a los pocos moradores del campo en una alarma continua; y se trataba menos de ensanchar nuestro territorio que defender la vida de sus habitantes. Hasta entonces, y mucho después, el que presidía el vasto virreinato de Buenos Aires mandaba obsequiar a los caciques para que no le hostilizasen, y era general el deseo de salir de un estado tan degradante. Los hacendados y el Cabildo habían representado al rey la necesidad de avanzar y proteger las poblaciones; muchas cédulas habían llegado de España con la aprobación de estos planes, y destinando fondos para realizarlos; pero nunca faltaban pretextos para eludirlas, y la obra de nuestra frontera había tenido la misma suerte que la famosa acequia imperial de Aragón, en que se empezó a trabajar dos siglos después que fue proyectada.

Esta vez no se echó mano de agrimensores, como se hizo en tiempo de Vertiz, sino que se libró el problema a la consideración de geógrafos experimentados, como Cerviño, Insiarte y Azara, a los que fueron asociados Quintana y Pinazo, que sin ser facultativos tenían un conocimiento práctico del terreno.

Bajo estos auspicios salió la expedición de Buenos Aires, y se dirigió al fuerte de Melincué, desde donde bajó hasta la isla Postrera, recorriendo una línea marcada por el Salado y comprendida entre los 33° 49′ 24″ y los 36° 5′ 30″ de latitud austral.

En el informe con que Azara acompañó el diario de este reconocimiento, expuso al virrey los defectos que había notado en el sistema de defensa de la frontera y los principios que le habían guiado en el plan que él proponía para enmendarlos. Si no fuera intempestivo cualquier examen de estas ideas, que por la extensión progresiva de nuestros límites han dejado de ser aplicables, probaríamos que son cuando menos problemáticas las ventajas de establecer fuertes a igual distancia entre sí, y en la misma dirección; o (para valernos de las palabras del autor) que no adelanten notablemente unos de otros.[1] Y sin embargo, tan penetrado estaba Azara de la utilidad de esta disposición simétrica, que «por sujetarse más a estas condiciones, no aprovechó muchas veces de sitios excelentes, y acaso mejores que los electos».[2]

Más cuerdo fue el consejo que dio de apoderarse de la isla de Choelechel, cuyos resultados favorables calculó con bastante acierto, aunque se equivocase en la influencia que debía ejercer esta ocupación sobre el comercio de las provincias interiores, fundándose en la unión del Diamante con el Río Negro. Pero este error, del que no era fácil precaverse en aquella época, nada quita al mérito del reconocimiento científico que hizo de nuestra frontera.

Los encargados de esta comisión adoptaron el método que habían empleado en la demarcación de límites, sujetando la parte gráfica y descriptiva del terreno a las observaciones astronómicas. De este modo determinaron muchos puntos en que se apoyaron después los trabajos geodésicos de esta provincia. ¿Y qué otra cosa puede hacerse mientras no se logre medir una base y envolver el terreno en un réseau de triángulos?

Azara era demasiado ilustrado para desconocer que la mejor defensa de un país es la que estriba en su población, y por lo mismo insiste en la necesidad de fomentarla. Su opinión era que se prefirieran las colonias militares, a que debían servir de plantel los cuerpos de blandengues.

En la enumeración de los abusos que prevalecían entonces, cita como un hecho muy obvio la enajenación que hacía el Estado de 30 a 40 leguas cuadradas por 80 pesos;[3] y Viana agrega, en un papel que por su analogía hemos agregado al diario de Azara, que solo a la familia de los Ezeisa se les agració con ¡96 leguas de superficie![4]

Entretanto, ninguno de estos feudatarios hacía el menor esfuerzo para poner la provincia al abrigo de las incursiones de los salvajes, a las que más bien favorecían estas grandes extensiones de terreno que se quedaban

---

1   Página 37 del Diario. (N. del E.)
2   Ibid. (N. del E.)
3   Página 41. (N. del E.)
4   Página 45. (N. del E.)

baldías por la incuria de sus poseedores. El desprecio con que se miraban antes las propiedades rurales, y el empeño que se tuvo después en monopolizarlas, contribuyeron igualmente a mantener la provincia en el mayor abatimiento.

Hasta el año de 1740, no solo la campaña, sino la misma ciudad de Buenos Aires estuvo a merced de los indios. Los gobernadores Ortiz de Rosas y Andonaegui fueron los primeros que se ocuparon en contenerlos; pero tan menguados eran sus medios de defensa, que continuaron las invasiones en todo el siglo pasado, hasta que se adoptó el arbitrio de entenderse con los caciques, a quienes los virreyes recibían con agasajo y con su traje de etiqueta.

Tal era el estado de nuestras relaciones con los bárbaros cuando se llamó a Azara; y no es extraño que su plan se resienta de la debilidad en que se hallaba constituido el poder que lo empleaba.

Algunos trozos de este diario aparecieron en 1822 con el título de Noticias relativas a la parte hidráulica, en los números 3 y 5 del Registro Estadístico que se empezó a publicar en Buenos Aires, haciendo alteraciones y supresiones en el texto, y hasta silenciando el nombre del autor. Con igual libertad se usó del informe de Azara, de donde se sacaron párrafos enteros, para redactar otro artículo[5] que se insertó en el número 2 de ¡la Abeja Argentina...! Hubiéramos prescindido de apuntar estos hechos si no hubiésemos tenido que justificar el epígrafe de primera edición con que encabezamos este documento.

Buenos Aires, octubre de 1837.
Pedro de Angelis.

Reconocimiento de la frontera

---

5    Historia de nuestra frontera interior. (N. del E.)

## Oficio del señor don Pedro Melo de Portugal, virrey de Buenos Aires

Señor:

En el expediente formado sobre la meditada formación de poblaciones en esta frontera y adelantamiento de fuertes que convenga con este motivo, he resuelto por decreto de 20 del corriente lo siguiente:

Reflexionando maduramente cuanto me expresan los diputados hacendados de esta banda del Río de la Plata, con lo informado por el Ilustre Cabildo de esta capital, a quien tuve por conveniente oír en la materia, además de varias noticias adquiridas de algunos cortos expedientes que existían en mi Secretaría, y he traído a la vista, resultando de todos las continuas instancias de los vecinos, cabildos, jefes militares y prácticos de la frontera para sujetar las repetidas hostilidades de los indios bárbaros de ellas, a quienes no ha bastado a contener el buen trato, agasajo, ni las fuerzas puestas en los parajes que por entonces se tuvieron por más convenientes, en cuyo particular trabajaron con tanto esmero mis antecesores; conviniendo también todos unánimemente en el beneficio que resultaría de formarse poblaciones, que al mismo tiempo de sujetar con más seguridad a estos indios proporcionaban riquezas incalculables al Estado y real hacienda, lográndose principalmente por este medio la conversión de muchos indios; teniéndolas aprobadas Su Majestad en 10 de julio de 1753, 9 de febrero de 1774, 17 de marzo de 1777 y 28 de febrero de 1778, franqueando con generosa y liberal mano sus caudales para tan importante y útil establecimiento, sin que haya permitido su ejecución sólida y permanente la escasez de fondos, y otras infinitas atenciones del real servicio, de que, algo desembarazado en el día el ramo de guerra, proporciona se verifiquen tan ventajosas ideas, como con juicio, prudencia e ilustración propone el Cabildo y su Síndico; deseando que la religión, el estado, esta provincia y el comercio no carezcan de los saludables y benéficos efectos, indicados generalmente por todos los prácticos e inteligentes; uniendo al mismo tiempo la seguridad en lo sucesivo y el acierto en la elección de parajes más proporcionados a todos los respectos que demanda un establecimiento de esta consideración, en que se deben combinar muchas atenciones, que, aunque diversas, conspiran a un fin; procédase a hacer un prolijo reconocimiento de toda la frontera y sitios más adecuados a fundar las poblaciones según lo mandado por Su Majestad, a cuyo fin comisiono, con todas las facultades respectivas, al Capitán de Navío de la Real Armada, don Félix de Azara, en calidad de Comandante General de esta expedición, a que deberán acompañarle el Comandante de Frontera don Nicolás de la Quintana, el Maestre de Campo don Manuel Pinaso, el Teniente de Dragones don Carlos Pérez, cien hombres del cuerpo de blandengues, con ocho oficiales, veinte pardos milicianos y los baqueanos, intérpretes y peones precisos. Y nombro por ingeniero geógrafo a don Pedro Cerviño, y por piloto al primero de la Real Armada, don Juan Insiarte, a cuyos dos facultativos se asignarán a su tiempo las competentes ayudas de costas, quienes formarán un diario exacto desde su salida hasta su regreso, levantando los planos necesarios de aquellos terrenos donde crean conveniente colocar las poblaciones, con proporción a pastos, aguadas, leña, avenidas de los indios, situación material para su ventilación, dominación de la campaña y demás atenciones con que se debe proceder, como de aquellos fuertes que parezca con este motivo deber adelantar para seguridad general y comunicación que deben tener unos con otros, disponiendo, si no hubiese otro inconveniente, que las poblaciones estén en medio de fuerte a fuerte, para poder reconocer el campo con más prontitud y menos trabajo. A cuyo efecto tomarán todas las luces necesarias del Comandante de Frontera, Maestre de Campo y Sargentos Mayores antiguos y de juicio, pudiendo tener presente el expediente obrado en el año de 78 y 79 con este objeto, formando al mismo tiempo un cálculo de lo que podrá costar cada obra de por sí, con distinción y separación, pudiéndose hacer las murallas de adobes o de palizada si el terreno lo facilitase, y teniéndose presente cuanta economía se pueda, atendido el costo que se va a emprender y demás precisas urgencias del ramo; considerando que las poblaciones no deben ser dilatadas, a cuyo efecto las cuadras tendrán solo 100 varas, informando si de lo que se adelanten, éstas y los fuertes, podrá resultar acaso el que los indios se recelen de irlos a estrechar. A cuyo efecto se librarán por mi Secretaría las correspondientes órdenes, avisándose igualmente al Cabildo esta resolución; todo lo que se hará con la mayor brevedad, aprovechando la presente estación, pero sin precipitar los reconocimientos, y sin perjuicio de esto, para instruir el expediente con todos los demás conocimientos.

Fórmese por las cajas reales un estado exacto del ramo de guerra, con distinción de lo producido en esta capital y su jurisdicción, del que se recoge en Montevideo; el que, verificado, pase al Tribunal de Cuentas y Señor Fiscal, para que expongan lo que tengan por conveniente, reservándome ir dando providencias oportunas en todos los puntos incidentes y progresivos, hasta dar cuenta a Su Majestad en el estado que lo requiera.

En su consecuencia me pasará Vuestra Señoría relación con presencia de las adjuntas, formadas por el Comandante de Frontera y Maestro de Campo citados, de los bagajes, comestibles, municiones y demás que se considere preciso para la presente expedición de reconocimiento, a que por ahora se dirige Vuestra Señoría con la comitiva y tropa que se expresa, y referirá Vuestra Señoría en ella el número de baqueanos, intérpretes y peones, a fin de que, con el consiguiente presupuesto, pueda proceder a su apronto y sucesiva salida, que verificará Vuestra Señoría sin retardo. En la inteligencia de que doy aviso de sus respectivos nombramientos a los indios que quedan mencionados, y espero del celo y dedicación de Vuestra Señoría a los interesantes fines del servicio, los esmeros que me he prometido en el desempeño de esta importante comisión que he puesto a su cargo.

Dios guarde a Vuestra Señoría muchos años. Buenos Aires, 29 de febrero de 1796.

Pedro Melo de Portugal.
Al señor don Félix de Azara, Capitán de Navío.

**Plazas que componían la expedición**

Don Félix de Azara, Capitán de Navío de la Real Armada, Comandante General de la expedición.

Don Nicolás de la Quintana, Comandante de la Frontera.

Don Manuel Pinaso, Maestre de Campo.

Don Juan Francisco Echague, Capitán agregado a Buenos Aires.

Don Carlos Belgrano Pérez, Teniente de Dragones.

Don Pedro Cerviño, Ingeniero de la expedición.

Don Juan Insiarte, primer piloto de la Real Armada.

Don Antonio Alonzo, Capellán.

Don Blas Pedrosa, lenguaraz.

Don Eusebio Caraballo, baqueano.

| | |
|---|---|
| 2 | oficiales de blandengues. |
| 100 | soldados de dicho cuerpo. |
| 20 | pardos milicianos. |
| 20 | peones. |
| 16 | criados. |
| ——— | |
| 168 | |

Víveres

| | | |
|---|---|---|
| 200 | | cabezas de ganado. |
| 20 | | quintales de galleta. |
| 5 | | tercios de hierba. |
| 3 | 1/2 | quintales de tabaco. |
| 3 | 1/2 | ídem de sal. |
| 1 | | carretada de leña. |

Municiones y pertrechos

| | |
|---|---|
| 2000 | cartuchos de carabina. |
| 500 | de pistola. |
| 150 | piedras de chispa de carabina. |

| | |
|---|---|
| 220 | ídem de pistola. |
| 2 | esmeriles con sus trapantes y utensilios. |
| 24 | cartuchos de esmeril. |
| 1 | pedazo de macho para dar fuego a los esmeriles. |
| 14 | tiendas cañoneras completas. |
| 6 | azadas encavadas. |
| 2 | picos ídem. |
| 2 | hachas ídem. |
| 4 | palas ídem. |
| 1 | azuela. |
| 1 | escoplo. |
| 1 | linterna de talco. |
| 24 | estacas de madera fuerte, largas una vara, gruesas dos pulgadas, |
| | para mojones. |
| 1 | caja de capilla. |
| 5 | carretas con los bueyes correspondientes. |
| 3 | carretillas de caballos. |
| 2 | ejes. |
| 4 | rayos y dos camas. |
| 1 | carricoche. |
| 48 | caballos para las tres carretillas. |
| 30 | ídem escogidos para montar los oficiales. |
| 70 | ídem para sus criados y peones. |

Regalos para los infieles

| | |
|---|---|
| 1 | barril de vino de España. |
| 2 | de aguardiente. |
| 2 | tercios de hierba. |

## Jueves 17 de marzo de 1796

El 14 marcharon las carretas con los víveres de la tropa y peonada; y el comandante Azara, los facultativos Cervino, Insiarte, Pérez y Echague salieron de Buenos Aires este día 17 de marzo. A las doce pasaron por el paso o puente de Márquez, que está en el arroyo de las Conchas, que desagua en el Paraná en el pueblo de su nombre. Este paso dista de la capital 7 leguas, tiene de anchura unas 20 varas, y no necesitaría de puente si no fuese fangoso.

Prosiguieron la marcha, y a la noche llegaron a la villa de Luján, y reputaron haber andado este día 50 y media millas por el Sur 86° 50' Oeste corregido.

### Viernes 18

Este día llegaron a la guardia de Luján, y tuvieron que demorarse para reemplazar el eje del coche que se quebró. El arroyo, del cual toma la guardia el nombre, desagua en el río Paraná, en el Rincón del Chanchillo, o estancia de Campana.

### Sábado 19

Aunque en la guardia de Luján se reunieron todos, no pareció el baqueano, ni lenguaraz o intérprete, y por esta causa no se pudo salir de ella.

### Domingo 20

Llovió toda la noche anterior, y este día.

### Lunes 21

Permanecieron por las causas anteriores en el mismo destino.

Notas. Se advierte que las distancias caminadas, que se verán en las tablas de lo andado cada día, son millas y decimales de milla.

2.ª Que los rumbos de que se va hablando son corregidos.

### Martes 22

El derrotero, o tabla, siguiente comprende este día inclusive y los anteriores.

Las longitudes son contadas todas desde el meridiano que pasa por Buenos Aires.

Tabla de los rumbos y distancias hasta el 22 inclusive de marzo

| Rumbos | | | Distancias | |
|---|---|---|---|---|
| N | 57 | O | 7 | 3 |
| N | 47 | O | 2 | |
| N | 57 | O | 2 | |
| N | 40 | O | 2 | |
| N | 62 | O | 2 | 1 |
| N | 89 | O | 1 | |
| N | 72 | O | 1 | 3 |
| N | 45 | O | 2 | 5 |
| N | 40 | O | 1 | 1 |
| N | 32 | O | 1 | |
| N | 22 | O | 1 | |
| N | 24 | O | 1 | |
| N | 27 | O | 1 | 4 |
| N | 32 | O | 1 | |
| N | 53 | O | 1 | |
| | | | ——— | |
| | | | 30 | 7 |

| | | | |
|---|---|---|---|
| Villa de Luján, su latitud austral | 34° | 38' | 36'' |

| | | | |
|---|---|---|---|
| Longitud contada desde el meridiano de Buenos Aires hacia el occidente | 1° | 1' | 10'' |

Esta villa lleva el nombre del capitán Luján, que vino con don Pedro de Mendoza a la fundación de la capital de Buenos Aires; y habiéndose hallado en la reñida función de la Matanza, distraído en la persecución de los indios, se extravió, y no sabiendo volver, se halló muerto de hambre y herido al lado de su caballo, junto al arroyo que por eso llaman Luján, y pasa junto a la villa.

Se venera una efigie de Nuestra Señora de la Concepción, cuya altura no pasa de media vara, ni en lo material tiene recomendación. Sin embargo se reputa milagrosa, y por eso le hacen muchas visitas y ofrendas los peregrinos de Buenos Aires, Santa Fe y el Tucumán. Un portugués la trajo del Brasil, y la dejó en dicha villa, llevando otra igual al Perú, donde también es venerada en un santuario. El vulgo dice que el portugués se vio precisado a dejarla aquí porque no quiso seguirle al Perú, donde se proponía llevarla. La iglesia es de adobe y se concluyó en 1763. A las 6 y media leguas de la villa está la guardia del mismo nombre, y a 2.000 varas de ella al Norte pasa el arroyo de Luján, que nace como a 2 leguas, hacia el occidente de una laguna nombrada de los Leones. Esta guardia se fundó en 1772, y en 1779 se trasladó al sitio donde se halla en el día, distante algunas cuadras del primitivo. Su latitud, 34° 40' I51/2'', y la longitud del meridiano de Buenos Aires a occidente, 1° 25' 14''. Demarcación a la villa Norte 86° Este.

## Día 22

Salida de la guardia de Luján hasta el fortín de Areco; su latitud 34° 23' I5'', y la longitud al occidente de Buenos Aires, 1° 49' 23''.

## Día 23

Salida de dicho fortín; a la una y media legua se cortó el río Areco, despreciable por su poca agua, y en verano se seca; nace de la laguna llamada del Pescado, distante una y media legua del paso, y desagua el dicho arroyo o río en el Paraná. Hasta la guardia del Salto, desde el punto de la salida, son 21 y media millas, como demuestra la tabla siguiente.

La latitud es de 34° 18' 57'', y la longitud occidental, de 2° 14' 49''.

Hay en esta guardia piedra que, en la cantera o recién sacada, es de tanta suavidad que con un cuchillo se corta; pero poniéndola a la intemperie se pone durísima.

## Jueves 24

Salida de la guardia del Salto; a la milla se cortó una cañadilla que se llama el Saladillo, y a 2 millas más se pasó otra con igual nombre, y a más desaguan en el arroyo de Rojas; a 3 y media leguas más se dejó a la izquierda inmediata la Laguna de la Salada, que no llega a milla de largo y la cuarta parte de ancho. Caminada una milla más, se comenzó a costear el arroyo Rojas, llamado así en su origen, después del Salto, por una especie de arrecife, y últimamente al entrar en el Paraná lo denominan el Arrecife, porque parece que allí le tiene. A las 6 y media leguas de la salida se hizo alto para observar, y se halló la latitud 34° 14' 38", y la longitud occidental de 2° 34' 8". Desde aquí se continuó la marcha, y a las 2 leguas se entró en el fuerte de Rojas, que está a la banda del Norte del arroyo del mismo nombre, que pasa por cerca del fuerte del Salto, y su curso al Sur 54° Oeste. A distancia de media legua se le incorpora otro arroyo, que viene de la laguna llamada Cabeza del Tigre.

| Rumbos | | | | Distancias |
|---|---|---|---|---|
| S | 88 | O | | 81 |
| N | 88 | O | | 3 |
| S | 88 | O | | 2 |
| N | 81 | O | | 1 |
| N | 47 | O | | 15 |
| S | 82 | O | | 1 |
| N | 60 | O | } | 4 |
| N | 57 | O | | |

| | | | | |
|---|---|---|---|---|
| N | 57 | | O | 2 |
| N | 63 | | O | 15 |
| N | 72 | | O | 25 |
| | | | | 266 |

## Viernes Santo, 25

La salida se suspendió este día para repartir la ración a la tropa; se observó la latitud de 34° 11' 48'', y la longitud de 2° 41' 39''. Variación Nordeste 14° 39'.

## Sábado 26

Salida de la guardia de Rojas; a las 2 leguas se comenzó a costear el arroyo de Rojas, y a una legua se separa el camino de él. A las 6 leguas se halló una laguna de poca consideración, de agua salobre; inmediato a ella se cortó una de las cabeceras del arroyo Rojas. A las 3 leguas más llegamos al fortín de Mercedes, llamado también la Cabeza del Tigre; su latitud es de 33° 55' 18'', y la longitud occidental 3° 4' 14'', distando de Rojas 8 y media leguas por línea recta.

| Rumbos | | | | Distancias |
|---|---|---|---|---|
| N | 60 | 1/2 | O | 45 |
| N | 68 | 1/2 | O | 45 |
| N | 75 | 1/2 | O | 5 |
| N | 34 | 1/2 | O | 12 |

| | | | | | |
|---|---|---|---|---|---|
| N | 38 | 1/2 | O | | 35 |
| N | 45 | 1/2 | O | | 12 |
| N | 50 | 1/2 | O | | 38 |
| N | 40 | 1/2 | O | | 6 |
| | | | | | ——— |
| | | | | | 297 |

## Domingo 27

Salida de la Cabeza del Tigre, y a las 8 y media leguas se llegó al fortín de Melincué. A las 4 y media leguas de la salida se pasó una cañada muy ancha, que vierte en una laguna poco más abajo. En la orilla opuesta, y a distancia de 4 millas de dicho fortín, se observó la latitud de 33° 44' 55'', y la longitud occidental de 3° 26' 20''. La dicha laguna, que se tuvo a la vista desde la observación al fuerte, es siempre salada, y recibe aguas principalmente de una cañada que principia 14 leguas al Nordeste, en el paraje nombrado la India muerta, donde estuvo antes el fortín de Melincué, que se trasladó en 1779 en donde está hoy. Entre dicha laguna y el fortín, hay otra separada por un pequeño albardón, según se ve, la cual sirve para beber los animales cuando está llena, porque en tiempos de escasez también es salada, y se seca enteramente. Además hay otras dos lagunas, una a cada lado de la última, muy pequeñas y despreciables. En la orilla de la segunda laguna hay abundancia de unos polvos, que no se duda son los que llaman sal de Inglaterra, y podrían proveerse de esta medicina las boticas de España.

El fortín de Melincué se llama así porque vivía en este lugar un cacique pampa llamado Melincué. No pertenecen estas tierras a la jurisdicción de Buenos Aires, ni tampoco las del anterior, sino a la de la ciudad de Santa Fe; dista 30 leguas del Presidio de las Tunas, dependiente la jurisdicción de Córdoba. La latitud del centro del fortín de Melincué es 33° 42' 24'', y la latitud occidental de 3° 30' 38''.

**24**

| Rumbos | | | Distancias |
|---|---|---|---|
| N | 54 | O | 75 |
| N | 63 | O | 55 |
| | | O | 25 |
| N | 56 | O | 2 |
| N | 74 | O | 3 |
| N | 70 | O | 1 |
| N | 38 | O | 4 |
| | | | ——— |
| | | | 255 |

## Lunes 28

Se salió de Melincué, y antes de mediodía se hizo alto; se observó la latitud de 33° 57' 25''; se prosiguió la marcha, y se acampó junto a una laguna, cuya situación, según la estima, se calcula en 34° 4' 55'' de latitud, y en 3° 36' 32'' de longitud occidental. Se vio el origen del río Salado, que es una laguna tendida de Noroeste a Sureste. Nos pareció que estos sitios eran a propósito para trasladar el fuerte o fortín de Melincué, y se marcó con el nombre de Corzo.

Rumbos                                    Distancias

| S | | | | | |
|---|---|---|---|---|---|
| S | 8 O | | 5 | 6 | |
| S | 2 O | | 9 | 4 | |
| S | 22 O | | 3 | 7 | 5 |
| S | 31 O | | 2 | 8 | |
| S | 11 O | | 1 | 8 | |
| | —————— | | | | |
| | | | 23 | 3 | 5 |

## Martes 29

Se continuó la marcha por varias cañadas que van al Salado, y al fin del penúltimo rumbo se observó la altura meridiana del Sol, se halló la latitud de 34° 17', y se acampó en los Manantiales de Piñeiro; se vieron por estos terrenos de la derrota de este día muchos corzos, mulitas, quirquinchos y algunas liebres. También se vio la planta llamada romerillo, por ser parecido al de España en el olor y hoja; pero no se vio el tomillo, que afirman los naturales que lo hay con abundancia en los campos del Sur. Entre las yerbas se cría una que da flor amarilla clara, y mascada se percibe el ácido muy semejante al limón. Es un específico admirable para curar las llagas, cuando proceden de calor.

Los Manantiales de Piñeiro están en una cañada tendida de Norte a Sur, hasta incorporarse con el arroyo Salado. En la expresada cañada hay muchas lagunas entretenidas por dichos manantiales de buena agua, aunque no muy abundante, pero que nunca se secan como es de inferirse, porque cuando no se hallaba agua en la pampa, acampó en el relacionado paraje una columna o expedición de 1.000 hombres, los cuales con 8.000 caballos tuvieron la suficiente para sí y los animales los días que permanecieron.

No deja de ser buen paraje la inmediación de la cañada a su banda oriental, cuyo paraje se señala con el nombre de Gaboto, en memoria de este célebre descubridor de estos países. Sus campos circunvecinos son excelentes para crías de ganados y cultivos, y su situación la de 34° 18' 36'' de latitud, y 3° 16' 56'' de longitud occidental.

| Rumbos | | Distancias |
|---|---|---|
| S | 14 E | 24 |
| S | 52 E | 48 |
| S | 58 E | 12 |
| S | 68 E | 36 |
| S | 53 E | 35 |
| S | 38 E | 25 |
| S | 30 E | 25 |
| S | 39 E | 25 |
| | | ——— |
| | | 225 |

## Miércoles 30

Se continuó la marcha a la hora acostumbrada, y al fin del segundo rumbo se demarcó la Isla del Tigre al Sur 35° Este, distante tres cuartos de legua. A los 18 minutos del tercer rumbo se demarcó al Sur 15° Oeste una laguna o cañada pantanosa, larga una milla. Con el cuarto rumbo se llegó a la laguna llamada de las Averías, tendrá una milla de largo de Norte-Nordeste a Sur-Suroeste. Con el quinto rumbo descabezamos dicha laguna por su extremo austral, habiéndola costeado por el Oeste con el anterior. El sexto rumbo sirvió para costear la barranca septentrional del bañado, que se prolonga desde la Mar Chiquita, cuyos bañados ocupan todo este rumbo, quedando ella muy cerca. Al fin del octavo rumbo se dio con unas lomas que corren del Norte 43° Este a su opuesto, y el último rumbo nos condujo a la laguna de Rojas, situada, según la observación, en 34° 19' 7", y en la longitud de 3° 2' 56".

| Rumbos | | Distancias |
|---|---|---|
| S | 6 1/2 E | 44 |
| S | 70 1/2 E | 3 |
| S | 81 1/2 E | 25 |
| S | 48 1/2 E | 1 |
| S | 26 1/2 E | 5 |
| S | 48 1/2 E | 15 |
| S | 30 1/2 E | 6 |
| N | 42 1/2 E | 15 |
| N | 38 1/2 E | 4 |
| | | ———— |
| | | 16 |

**Jueves 31**

28

El primer rumbo fue costeando por el Sur unas lagunas interrumpidas, que dan origen al Saladillo de Rojas. Al fin del cuarto rumbo se demarcaron unas lagunas al Sur 461/2° Oeste, distantes unas 2 leguas. Al fin del quinto rumbo se demarcaron otras al Sur 631/2° Oeste, distantes como una y media legua. Al fin del sexto rumbo se demarcó al Sur 91/2° Oeste el Cerrito Colorado. Al fin del séptimo rumbo se observó y se halló la latitud de 34° 35' 11'', y se demarcó la laguna Carpincho al Este 141/2° Norte, y el punto donde se iba a dormir al Sur 301/2° Este, distante una milla escasa. Con el último rumbo se llegó al Cerrito Colorado. A los 21 minutos de nuestra marcha, que es el último rumbo de que se va hablando, esto es, el último de la tabla, se cortó el río Salado sin conocerlo, porque no es más que una simple cañada. En esta altura hallose dicho cerrito, que, cuando más, se elevará 4 varas; pero sin embargo domina el país en el segundo y tercer cuadrante, y no es otra cosa que un médano de excelente arenilla para ampolletas por su finura. Dicho Cerrito Colorado tiene en su cumbre varias concavidades, y en una un manantial de agua dulce lleno de esqueletos de baguales. Cerca de su pie, o en el valle, hay otros manantiales de agua dulce, verdolagas, lengua de vaca y biznagas.

Del referido Cerrito pasamos a la laguna de Carpincho, distante una milla; su agua, aunque no es salobre, tiene el defecto de ser lejiosa; pero en su orilla hay filtraciones de buena agua, por cuya razón, considerando que la distancia a Gaboto es proporcionada para hacer un fuerte, se ha señalado con el nombre de Quirquincho. Su latitud es 34° 35' 31'', y la longitud occidental 2° 52' 44''.

| Rumbos | | Distancias | |
|---|---|---|---|
| S | 32 1/2 E | | 5 |
| S | 39 1/2 E | 4 | 5 |
| S | 34 1/2 E | 4 | 8 |

| Rumbos | | | Distancias | |
|---|---|---|---|---|
| S | 28 1/2 E | 1 | 8 | |
| S | 25 1/2 E | 4 | | |
| S | 8 1/2 E | 2 | 5 | |
| S | 8 1/2 E | | 8 | |
| S | 26 1/2 E | 2 | 2 | 5 |
| | | ——— | | |
| | | 21 | 1 | 5 |

## Viernes 1.º de abril

Principiada la marcha, a los 10 minutos del primer rumbo se cortó el Salado, que estaba seco, y viniendo por el Cerrito Colorado entra en la laguna de Carpincho por el Sur, y sale por el Este; su cauce se conoció por lo pantanoso. A las once y media de la mañana hicieron alto en las lagunas del Toro Moro, o simplemente del Moro, que se hallan en la latitud de 34° 49' 1'', y en 2° 33' 30'' de longitud occidental. Tuvieron siempre a la vista una hilera de colinas que, empezando en el Cerrito Colorado, siguen la dirección de la derrota, acercándose o alejándose, que en el país llaman Cerrillada, porque es lo que más se eleva en el terreno de estas vecinas campañas, sin que por eso se excedan de la altura del Cerrito Colorado.

Por la tarde se reconocieron las Lagunas del Moro, que son cinco, y en tiempo de aguas se unen; son las mejores aguadas que se han hallado en toda la derrota de que se ha hecho relación. Sin disputa es el sitio más a propósito para una población, situándola en la banda oriental, porque las inmediaciones son de excelentes pastos y tierras para cultivo. Sin embargo no se ha señalado, con motivo de ser la idea de fortificar la línea con igualdad.

Rumbos                                    Distancias

| | | |
|---|---|---|
| S | 30 1/2 E | 2 |
| S | 25 1/2 E | 4 |
| S | 28 1/2 E | 3 |
| S | 37 1/2 E | 1 |
| S | 59 1/2 E | 18 |
| S | 37 1/2 E | 8 |
| S | 60 1/2 E | 4 |

166

## Sábado 2

Se dio principio a la marcha, y al fin del segundo rumbo distaba la Cerrillada de la derrota que se seguía una legua, y el Salado 3 y media. Al fin del tercer rumbo llegamos a la Laguna del Tigre Tuerto, y al Nordeste de ella, y cerca del Salado, hay otra llamada el Bragado Chico. La mencionada del Tigre Tuerto se proyecta de Este al Oeste, tiene excelente agua, muchas filtraciones, y es de media legua de largo, por cuya razón se consideró muy a propósito para un establecimiento. Al fin del cuarto rumbo se llegó a otra laguna con juncales como la anterior, que indican su permanencia. Concluido el sexto rumbo hay unas lomadas bastante altas, que son un brazo de la Cerrillada. Con el octavo rumbo se llegó a la Laguna del Bragado, desde cuya orilla occidental demora lo más Sur de ella al Sur 4° Oeste.

Otra ensenada más oriental y septentrional al Sur 60° Oeste, y la costa del Oeste de la misma, corre del Norte 56° Este a su opuesto. Con el nono rumbo llegamos a lo más Sur de la laguna, y con el décimo se costeó. Con el undécimo se llegó a lo más Nordeste, donde se dejó, y dirigiéndonos por el rumbo doce, a los 11 minutos del rumbo trece se llegó a otra laguna barrancosa que quedó a la izquierda, y nos pareció profunda, y se enlaza con otras que hay al Norte-Noroeste, al pie de las lomas que llevamos al Norte. La costeamos por su orilla meridional, y se vieron muchas filtraciones, y tres o cuatro manantiales; uno de éstos sale por un agujero de más de tres pulgadas de diámetro, cuya excelente agua no cede en buena calidad a otra. Hay en su contorno muchas verdolagas y lengua de vaca. Estos manantiales contribuyen su agua a una laguna que tiene el agua salobre, según afirman los campestres. Caminados 10 minutos del rumbo quince, se llegó a la punta Suroeste de una laguna que se costeó el espacio de 11 minutos, y se infiere será en todos tiempos muy abundante de agua por los muchos manantiales que le entran. Su orilla occidental es barrancosa. Con el último rumbo se llegó a los Manantiales de Casco, que es otra laguna en forma de herradura, cuya parte convexa mira al Nordeste.

El camino de este día fue excelente, con colinas según queda dicho; muchas lagunitas que por chicas no se notan; vimos también abundancia de verdolagas, lengua de vaca y mucha quinua. También vimos una planta con que tiñen de un bello amarillo. Otra que carece de hojas, y abunda en todo el curso del Salado, y en las costas de las lagunas salobres hacen ceniza, y con ésta una lejía con que hacen un excelente encarnado, poniéndole un poco de agrio de limón. La conocen algunos tintoreros de Buenos Aires, y no falta quien diga podría suplir la orchilla. Si así fuese, hay infinito en toda la pampa, desde los sitios nombrados hasta Patagones. De otra planta no hacen caso, pero su fragancia y olor semejante al laurel nos hizo sospechar que beneficiándola produciría un excelente bálsamo.

Este sitio y todo el caminado este día, como ya se anota arriba, es a propósito para establecimientos, no solo por los terrenos propios para todo, sino también por la multitud de lagunas mencionadas, y otras que hay en la derrota que se ha seguido y el Salado. Sin embargo de todo lo dicho, se ha señalado para una guardia el punto del Tigre Tuerto, que, sobre ser excelente, tiene la ventaja de hallarse en proporcionada distancia para que todo quede igualmente defendido. Se le ha puesto el nombre de Irala, en consideración a tan ilustre personaje y a su celebridad en estos países.

| Rumbos | | Distancias |
|---|---|---|
| S | 69 E | 75 |
| S | 31 E | 25 |
| S | 11 E | 7 |
| S | 4 O | 6 |
| S | 36 E | 15 |
| S | 55 E | 3 |
| S | 56 E | 3 |
| S | 51 E | 14 |
| S | 4 O | 12 |
| S | 87 E | 6 |
| N | 69 E | 1 |
| S | 54 E | 19 |
| S | 48 E | 28 |
| S | 64 E | 28 |
| | | ——— |
| | | 305 |

## Domingo 3

Llovió sin cesar, y el día 4 lo mismo.

Rumbos          Distancias

No se caminó.

## Martes 5

La marcha se dirigió al Sur 59° 30' Oeste. A las 2 millas y dos quintos llegamos a la laguna Barbosa, que se prolonga de Norte 15° Este a su opuesto; tiene barranca chica y muchos manantiales en la orilla del Sur, con abundancia de verdolagas, lengua de vaca, y aseguran que nunca se seca. El pasto de sus inmediaciones es trébol, gramilla y alfilerillo, con muchas malvas. Está rodeada de colinas, y la del Sur es excelente para una población. Tornamos al campamento, y volviendo a salir nos dirigimos al Norte 48° 30' Este. A los dos tercios de milla hallamos otra laguna, que se prolonga una milla larga de Norte 15° Oeste al Sur 15° Este, y tiene muchos juncos, filtraciones y manantiales; por la parte del Sur desagua por una cañada que se dirige por el Norte-Nordeste. De aquí regresamos al campamento, donde tomamos la altura meridiana, y se halló la latitud de 35° 7' 58'' y la longitud de 2° 12' 14''.

Por la tarde salimos, y con el segundo rumbo llegamos a la laguna Palantelen, que en su orilla tiene varios pozos abiertos por las gentes que van a Salinas en los tiempos que la laguna está seca, como acontece algunos veranos de pocas lluvias; pero nunca falta en dichos pocitos a la media vara de profundidad. Su orilla oriental es algo más elevada, y así continúa el terreno hasta unirse con las lomadas que teníamos al Sureste. Esta laguna es muy conocida, por hallarse en el camino de las Salinas; por cuyo motivo, y exigirlo así la distancia, fue la opinión de que sería bueno situar en ella un fortín, con el nombre de Zorrillo. Su latitud 35° 10' 15'', y la longitud occidental 2° 6' 34''.

Continuamos 3 leguas más adelante hasta llegar a las lagunas Calilean, por unos terrenos más elevados que los anteriores; estas dos lagunas Calilean toman su denominación de un cacique que se llamaba así, el cual, habiendo hecho muchas muertes y robos en tiempo de paz, lo tomaron los españoles, y se le embarcó con sus compañeros el año 50; y estando en el navío de guerra el Asia, mandado por don Gaspar Vélez, y hallándose en

**34**

alta mar, tuvieron atrevimiento de conspirar contra la tripulación, y habiendo herido al capitán, y muerto al primer piloto y a otros varios, viéndose sin fuerzas, se arrojaron todos a la mar.

| Rumbos | | Distancias |
|---|---|---|
| N | 66 1/2 E | 25 |
| N | 55 1/2 E | 26 |
| N | 46 1/2 E | 37 |
| N | 56 1/2 E | 24 |
| N | 67 1/2 E | 3 |
| | | ——— |
| | | 142 |

## Miércoles 6

Se anduvo por terrenos doblados, y a las 4 leguas se llegó a la Laguna del Cebo, llevando a la vista algunas lagunitas despreciables. La del Cebo tiene una milla de largo, y por la parte del occidente le entran algunas filtraciones. Desde ella se continuó viendo varias lagunas, y algunas de ellas bastantemente hondas, que precisamente han de ser permanentes sus aguas. Se llegó a las Lagunas de los Huesos, que son cinco; dos de ellas, situadas al Suroeste de la mayor, se comunican por una cañada, y tienen buenos manantiales y filtraciones que entretienen el agua en ellas, y a poco que se cave se encuentra con abundancia y buena.

Pareció a propósito para situar un fuerte, y va marcado con el nombre de Cevallos. Su latitud 35° 14' 30'', y la longitud 1° 34' 44'' occidental.

| Rumbos | | Distancias |
|---|---|---|
| S | 25 E | 5 |
| S | 38 1/2 E | 14 |
| S | 46 1/2 E | 46 |
| S | 85 1/2 E | 48 |
| S | 68 1/2 E | 14 |
| S | 65 1/2 E | 16 |
| S | 83 1/2 E | 53 |
| | | ——— |
| | | 241 |

## Jueves 7

Se principió la derrota por terrenos doblados como el día anterior, y llevando a la vista abundancia de charcos y lagunas, entre las cuales las nombradas de la hierba y Pedernales son muy a propósito para colocar algún fuerte o fortín; especialmente la última, que tiene cerca hacia el Este una lomada que domina mucho terreno. Además de las lagunas señaladas, hay muchas inmediatas al Salado. Finalmente, a las 4 y media horas de camino llegamos a las Lagunas del Trigo. Nos acampamos al Sur 40° Este de dichas Lagunas del Trigo, que son varias, y cuatro las principales, que se comunican y desaguan en el Salado, en cuya orilla más al Oeste siguen otras. Al Este del campamento corre el Salado distante una milla, y ya tiene alguna barranca, aunque dicen que se seca. Se observó la latitud de 35° 14' 3'' y la longitud 1° 14' 54''. Variación Nordeste 14° 35'.

**36**

| Rumbos | | Distancias | | |
| --- | --- | --- | --- | --- |
| N | 35 1/2 E | 3 | 6 | 5 |
| N | 63 1/2 E | 2 | 4 | |
| N | 81 1/2 E | 3 | 3 | |
| N | 72 1/2 E | 2 | 6 | |
| N | 75 1/2 E | 2 | 2 | |
| N | 85 1/2 E | | 6 | |
| N | 68 1/2 E | 2 | | |
| | | ——— | | |
| | | 16 | 7 | 5 |

## Viernes 8

Salimos a la hora acostumbrada, y al fin del segundo rumbo dejamos a la derecha la laguna grande, llamada de Brito. A los 14 minutos del tercer rumbo quedó otra a la izquierda con bastante barranca. A los 13 minutos del sexto rumbo nos demoraba al Nordeste otra, en que entra el Salado a distancia de una legua escasa, y por eso es también salada. A los 17 minutos del propio rumbo costeamos la orilla meridional de una laguna, con bastantes juncos y un pozo; antes pasamos junto a otra, denominando a ambas del Espejo. Pareció que era a propósito para colocar un fortín por su proporcionada distancia, y le dimos el nombre de Ganzo. Al fin del mismo rumbo vimos otra pequeña laguna al Norte, y con el séptimo rumbo llegamos al Salado, que entra en la laguna que llaman Salada. Concluido el último, rumbo pasamos a observar la latitud de 35° 21' 26'', y la longitud 59° 44'. Se observó la variación, que por azimut se vio ser 15° 18'. Se perdió de vista la Cerrillada; y el Salado, hasta aquí desde su origen, no merece nombre de río ni de arroyo.

| Rumbos | | Distancias |
|---|---|---|
| S | 26 E | 17 |
| S | 15 E | 13 |
| S | 36 E | 12 |
| S | 3 E | 2 |
| S | 68 E | 5 |
| N | 84 E | 79 |
| S | 26 E | 6 |
| S | 41 E | 23 |
| | | ——— |
| | | 175 |

## Sábado 9

Se comenzó la derrota por terreno horizontal, siguiendo la mayor parte del camino por la orilla del Salado. Se anduvo por bañados y no se vieron lagunas; a estos terrenos por su flojedad llaman en el país guadalajes. El Salado ya forma curso, su barranca es un plano inclinado de 2 varas de altura. Concluido el séptimo rumbo, se observó la latitud de 35° 28' 50'' y la longitud 37' 54''. Finalizado el último rumbo, se llegó a la inmediación del Arroyo de las Flores, que afirman nace de unos esterales donde terminan varios arroyos que caen de las sierras. Desagua en el Salado, formando una laguna grande; y considerándose que en este sitio puede hacerse un fuerte, se señaló con el nombre de Melo.

| Rumbos | | Distancias |
|---|---|---|
| S | 48 E | 18 |
| S | 30 E | 7 |
| S | 79 E | 17 |
| S | 71 E | 37 |
| S | 75 E | 12 |
| S | 58 E | 12 |
| S | 58 1/2 E | 107 |
| S | 9 O | 17 |
| S | 5 O | 2 |
| | | ——— |
| | | 247 |

## Domingo 10

Con el primer rumbo se llegó al desagüe del Arroyo de las Flores en la laguna del mismo nombre, y a los 7 minutos del cuarto rumbo pasamos una cañada que nos dijeron los paisanos era el Salado, y apenas tenía agua. A los 23 minutos del mismo rumbo dejamos al Norte una pequeña laguna. Con el séptimo llegamos a unas lomadas que llaman la Tabla del Monte, en cuya banda del Este hay una laguna de bastante extensión, pero que se seca con facilidad. Con el último rumbo llegamos a la loma que llaman del Cerrillo de los Manantiales, por cuya falda occidental pasa el camino que conduce de la guardia del Monte a las Lagunas de Vargas, y lo frecuentan los blandengues y los demás vecinos que van a buscar leña a unas islas inmediatas a este camino, por donde corre un arroyo despreciable de agua salobre que nace al Norte de dicho cerrillo, y dirigiéndose al Suroeste desagua en el Salado. Cavando un poco en su orilla, mana agua muy buena. Se observó la latitud de 35º 40' 56'' y la longitud 21' occidental.

Continuamos la marcha por el Sur 8º Este, y a las 2 y media millas costeamos el arroyo Salado, y después de caminar 3 y media en el mismo rumbo pasamos en los manantiales llamados de López, que están en la orilla meridional del Salado. Este paraje es en donde se mantiene más el agua en tiempo de seca; y pareciendo su situación apta para colocar un fuerte, se marcó con el nombre de Cisne, y en la latitud de 35º 46', y la longitud de 20' 5''.

| Rumbos | | Distancias |
|--------|--------|------------|
| S | 26 O | 12 |
| N | 88 E | 24 |
| S | 75 E | 24 |
| N | 80 E | 25 |
| S | 53 E | 12 |
| S | 18 E | 6 |
| S | 53 E | 24 |

| | | |
|---|---|---|
| S | 23 E | 3 |
| S | 39 E | 3 |
| | ——— | |
| | 187 | |

## Lunes 11

Principiamos la marcha por caminos más firmes que el día anterior y suavemente alomados; pero habiendo los baqueanos errado algo el camino, dieron algunos rodeos hasta que avistaron las Lomas de Rocha, que les sirvieron de baliza para llevarlos a los Manantiales de los Porongos, donde paramos, y es la latitud de 35° 54' 50'' y la longitud 1' 55'' oriental. Llaman Manantiales de los Porongos a un encadenamiento de lagunas que empiezan al Sur-Suroeste, en donde hicimos alto, y continúan hasta desaguar en el Salado. Aunque en las grandes secas se evapora el agua de estas lagunas, siempre se halla en sus orillas a poca profundidad; por cuyo motivo se juzgó paraje a propósito para una guardia en las lomas inmediatas, que se señaló con el nombre de Garay.

Hallándose juntos los oficiales con don Manuel Pinaso, el comandante Azara les hizo saber que los fuertes, desde Palantelen aquí, avanzaban menos que los anteriores, por cuyo motivo había determinado que saliesen con treinta hombres a reconocer otros lugares como 12 leguas más al Sur, corriendo una paralela hasta Palantelen; y que mientras tanto él se dirigiría a Chascomus, y de ahí por las guardias y fortines hasta el de Navarro, donde los aguardaría. Aprobaron la idea; mas sin embargo dijo Pinaso que el pensamiento del Ilustre Ayuntamiento de Buenos Aires y de los hacendados era situar la frontera en la derrota que se había seguido, y que dudaba se hallasen sitios tan buenos como los que habían andado en la paralela que el Comandante deseaba se reconociese. El baqueano fue del mismo dictamen.

Rumbos                                   Distancias

| | | |
|---|---|---|
| S | 64 1/2 E | 22 |
| S | 53 1/2 E | 44 |
| S | 62 1/2 E | 27 |
| S | 70 1/2 E | 22 |
| S | 74 1/2 E | 15 |
| N | 82 1/2 E | 2 |
| N | 76 1/2 E | 1 |
| N | 49 1/2 E | 6 |
| S | 72 1/2 E | 15 |
| S | 60 1/2 E | 23 |
| S | 30 E | 14 |
| | | ——— |
| | | 218 |

## Martes 12

Salimos, pero así por lo pesado del camino, como por el mal estado de los caballos, llegamos a las once con mucho trabajo a la Laguna de los Camarones Grandes, que costeamos con el último rumbo por la orilla septentrional; todo el terreno del Suroeste es bajo y anegadizo, y también cortamos algunas cañadas llenas de agua. El aspecto del país es algo alomado, y bello para establecer fuertes, y los pobladores de Chascomus, los de Ranchos, y aun otros más interiores, hacen invernar por aquí sus ganados. Dicha laguna es de las mayores que vimos en el viaje. Se observó la latitud de 36° 00' 59'' y la longitud oriental de 0° 9' 19''.

| Rumbos | | Distancias |
|---|---|---|
| S | 55 1/2 E | 9 |
| S | 45 1/2 E | 2 |
| S | 63 1/2 E | 21 |
| S | 53 1/2 E | 1 |
| S | 35 1/2 E | 16 |
| N | 25 1/2 E | 1 |
| | | ——— |
| | | 66 |

## Miércoles 13

Determinó el Comandante pasar a los Altos de Troncoso, aunque no faltó quien le persuadiese que se dirigiese a Chascomus. Salimos, y a los 85 minutos del segundo rumbo pasamos la Cañada de los Camarones, que corre al Sur y vierte en el arroyo del mismo nombre; desde aquí costeamos por el Norte de dicho arroyo, que es algo profundo y termina en el Salado. Desde el meridiano de dicha cañada, a distancia de una y media legua al Sur, se elevan unas pequeñas lomas que se dirigen hacia el Este, hasta unirse con los Altos de Troncoso.

En el mismo paso al Norte del arroyo hay otra lomada bastante visible, desde cuyo vértice se descubre mucho. Al pasar el arroyo demarcamos al Sur 10° Este, distante media legua, la Laguna de la Pila, en cuya orilla meridional hay una loma muy reparable. En la misma dirección está la Laguna de los Camarones Chicos, no a mucha distancia. Con el tercer rumbo llegamos a la cumbre de una loma, y demarcamos otra al Sur 6° Este distante media legua. A los 32 minutos del cuarto rumbo cortamos una cañada que vierte sus aguas a los Camarones; a los 22 minutos más pasamos otra que desagua en una grande laguna salobre que nos quedaba al Norte, en cuya orilla oriental se elevan unas lomadas que se unen con los Altos de Troncoso. Andados 12 minutos más, cortamos una cañada por cuyo centro se corría un pequeño arroyo, cuyo origen está al Suroeste, y dirigiéndose al Nordeste desagua en la laguna. Y por último, con el último rumbo llegamos a los Altos de Troncoso.

Así llaman a una lomada, desde la cual se extienden otras al Oeste-Suroeste, y haciendo un pequeño giro se prolongan en la dirección Noroeste hasta los Camarones Grandes. Otra rama de colinas se eleva del mismo paraje, extendiéndose hacia el Noroeste. El espacio comprendido entre las lomadas de que se acaba de hablar es bajío, y por lo mismo abundante de agua, por cuyo motivo en tiempos secos traen a estos parajes su ganado los vecinos de Chascomus. Se observó aquí la latitud de 36° 5' 30'' y la longitud 00° 10' 55'' Este.

Por la tarde se demarcaron dos grandes lagunas que se descubrían, una al Suroeste y otra al Noroeste, ésta mayor que aquélla, y ambas de buena agua. Salimos a examinar la más meridional, en cuya parte del Sur vimos una cañada que acopia bastante agua, en que por lo más hondo corre un arroyuelo barrancoso que viene del Sur, y vierte su excelente agua en la laguna, que no la tiene tan buena, aunque se puede beber. Por último, nos pareció que en los Altos de Troncoso y en el paso de los Camarones, llamado el Hinojal, se hallan excelentes parajes para poblaciones y fuertes. De aquí pasamos en retirada a Chascomus, en razón de que el baqueano y los demás prácticos del país afirmaron que no se habían de hallar mejores parajes en la paralela que más adelante se ha dicho.

Rumbos                          Distancias

| | | |
|---|---|---|
| S | 40 1/2 E | 8 |
| S | 55 1/2 E | 7 |
| S | 30 1/2 E | 5 |
| N | 88 1/2 E | 41 |

———

124

## Jueves 14

Salimos con una neblina densa que no permitía ver nada, mas nos sirvió de guía la Isla Postrera, que habíamos demarcado el día antes. Así llaman a un grupo de árboles que está en el mismo paso del Salado, y son los únicos que vimos en todo el viaje. Los prácticos dicen que los hay en el espacio comprendido al Sur del Salado, entre el meridiano de dicha isla y la costa del mar. Al poco rato de haber salido atravesamos un bañado molesto; más adelante hallamos la laguna que llaman Salada, porque es salobre, y por su extremo del Suroeste le entra un arroyuelo que fluye solo con las lluvias. Llegamos a dicha Isla Postrera, que es una lomada llena de talas que solo pueden servir para leña, porque los palos buenos ya no existen. Nos pareció convendría establecer un fuerte en estas inmediaciones, atendidas las buenas circunstancias de los terrenos y la distancia de la anterior, porque con él queda muy bien cubierta esta extremidad de la frontera; pues desde este paraje hasta la mar el Salado no permite paso a los indios sino por un paraje llamado de las Piedras, que se podrá reconocer diariamente; además de que, desde aquí a la mar, hay muchísimos esteros intransitables que nos defienden. Bajo este concepto señalamos este punto con el nombre de Oyolas.

Inmediatamente pasamos el Salado, que aquí se explaya bastante, con agua a la barriga de los caballos, muy clara pero salobre. Proseguimos por terrenos alomados de hermoso aspecto, y observamos la latitud de 35° 53' 10'' y la longitud de 00° 26' 50'' oriental. Desde este punto vimos unas tomadas, notables por un albardón que se extiende de Nordeste a Suroeste más de una legua, y al poniente de ellas hay buenos y abundantes manantiales, que suelen aprovechar los de Chascomus y de Ranchos, llevando allí sus ganados cuando no tienen agua en sus estancias, por ser grandes las secas. Aún continuamos con el último rumbo hasta la laguna llamada de los Blandengues, que es de las medianas que vimos, y en sus inmediaciones hay tres más, una al Oeste y dos al Este.

| Rumbos | | Distancias |
|---|---|---|
| N | 32 1/2 E | 31 |
| N | 60 1/2 E | 6 |
| S | 18 E | 4 |
| S | 75 1/2 E | 7 |
| N | 26 1/2 E | 39 |
| N | 8 1/2 E | 55 |
| N | 32 1/2 F | 14 |
| N | 25 1/2 E | 19 |
| | | ——— |
| | | 175 |

## Viernes 15

Llegamos hoy a la guardia de Chascomus. En todo el discurso del viaje no vimos campos que nos agradasen tanto como los de este día. Son bastante doblados, con grandes lagunas y multitud de aguadas.

La guardia o fuerte de Chascomus es como todos los demás, y tiene en su dependencia más de 1.000 almas, entre blandengues y otros vecinos. Se trasladó del Zanjón el 22 de junio de 1779. Se halla junto a la laguna de su nombre. Su agua solo sirve para los animales, y es bastante abundante de pescado.

Este fuerte se halla en 35° 33' 5'' de latitud y 00° 22' 20'' de longitud oriental.

| Rumbos | | Distancias |
|---|---|---|
| N | 9 1/2 O | 1 |
| N | 19 1/2 E | 8 |
| N | 25 1/2 E | 17 |
| N | 7 1/2 E | 15 |
| N | 11 1/2 E | 16 |
| N | 4 1/2 E | 15 |
| N | 6 1/2 O | 12 |
| N | 23 1/2 O | 2 |
| N | 1 1/2 O | 26 |
| N | 27 1/2 O | 49 |

El 16 no se pudo continuar la marcha por la copiosa lluvia.

## Domingo 17

Abonanzado el tiempo, nos pusimos en derrota por terrenos alomados y de hermosa situación y agradable vista. Anduvimos 5 y media leguas, y en ellas atravesamos cuatro cañadas que parecían ríos. La mayor tenía algunos jaguey, o pozos, hechos con motivo de la extraordinaria seca del año próximo pasado. Siempre llevamos a la vista mucho ganado vacuno y caballar y las chacras de particulares.

| Rumbos | | Distancias |
|---|---|---|
| N | 60 1/2 O | 65 |
| N | 69 1/2 O | 34 |
| N | 89 1/2 O | 33 |
| N | 78 1/2 O | 34 |

166

## Lunes 18

Salimos de este fuerte o guardia con el fin de observar, pero el tiempo no lo permitió. Los Ranchos son lo mismo que las demás guardias, pero ha tenido la felicidad de tocarle un Comandante activo y laborioso, como lo es don Miguel Tejedor.

## Martes 19

Amaneció claro, y tomamos la altura meridiana del Sol, de que resultó la latitud de 35° 30' 46", siendo la longitud 00° 3' 20" oriental.

Salimos a la tarde, y a los 10 minutos del tercer rumbo atravesamos una cañada poco considerable. Al fin del mismo nos demoraba al Norte una laguna grande, que se extendía en dirección casi paralela al camino; en su orilla meridional vimos una estancia de don Clemente López. A los 30 minutos acabamos de pasar una muy larga y molesta cañada, con agua a la barriga del caballo, que se extiende de Oeste-Suroeste a Este-Nordeste, y por ella desagua la laguna anterior que va al Ceajo. A los 36 minutos del sexto rumbo costeamos otra peor, llamada Taqueno, donde los caballos pasaron a volapié.

Ésta y las dos anteriores se dirigen como al Sur, y a 5 y media leguas, en donde cortamos la del medio, se reúnen y forman una laguna, a la que dan el nombre de Ceajo, que por la misma cañada va a dar en el arroyo Salado. Con el último rumbo paramos en el campo, no siendo posible seguir derrota con la oscuridad. Estimamos que este punto se halla en 35° 29' 49" de latitud y en 00° 16' 40" de longitud Oeste. Los terrenos de este día fueron más horizontales que los de los días anteriores.

| Rumbos | | Distancias |
|--------|--------|------------|
| S | 89 1/2 O | 39 |
| N | 83 1/2 O | 25 |
| N | 89 1/2 O | 25 |
| S | 89 1/2 O | 11 |
| N | 81 1/2 O | 28 |

| | | |
|---|---|---|
| N | 80 1/2 O | 46 |
| N | 88 1/2 O | 15 |
| | ——— | |
| | 189 | |

## Miércoles 20

Se prosiguió la marcha, y al fin llegamos a la guardia del Monte, pasando un poco antes una cañada profunda que recoge aguas de la parte del Norte del camino, que dirigiéndose al Sur desagua en la Laguna del Monte. No tuvimos director o baqueano en los malos pasos, y por esta causa casi nadamos con los caballos.

| Rumbos | | Distancias |
|---|---|---|
| N | 80 1/2 O | 17 |
| N | 71 1/2 O | 18 |
| N | 68 1/2 O | 1 |
| N | 69 1/2 O | 5 |
| N | 75 1/2 O | 5 |
| | ——— | |
| | | 10 |

## Jueves 21

Comenzamos la marcha por terrenos algo más suaves y secos, menos las cañadas. Al mediodía hicimos alto, y observamos la latitud 35° 16' 10", y la longitud 00° 49' 10" Oeste. Desde este punto demarcamos el fortín de Lobos al Norte 87° 30' Oeste, distante media milla; inmediatamente seguimos para dicho fortín, y un poco antes pasamos una cañada que vierte aguas en la Laguna de los Lobos. Hay bastante ganado a uno y otro lado.

El citado fortín se halla en 35° 16' 7" de latitud y en 00° 52' 10" de longitud Oeste, sobre una loma que domina 3 leguas en contorno. Al Suroeste tiene la laguna que le dio nombre, y se extiende mucho al Sureste. La cañada que hemos pasado le rodea por el Norte, hasta unirse a la misma laguna por el Oeste, de manera que en tiempo de aguas está aislado. Dicha laguna es salobre, lo mismo que los pozos del fortín, y para beber traen de otro que hay del otro lado de la laguna. El fortín es lo mismo que los demás. Aquí nos informaron que la Laguna de Lobos desagua en la de Flores, por la cañada llamada el Carrizal, y que además tiene otra comunicación con la Laguna de Navarro.

Después de comer salimos por el Norte 51° Oeste, y a las 2 leguas de terreno como el de la mañana hicimos noche en el campo, habiendo pasado la cañada que circunda el fortín.

| Rumbos | | | Distancias |
|---|---|---|---|
| N | 64 O | | 52 |
| N | 61 O | | 25 |
| N | 57 O | | 26 |
| N | 52 O | | 18 |
| N | 36 O | | 37 |
| N | 47 O | | 28 |

## Viernes 22

A las diez de este día entramos en el fortín de Navarro, que es igual a los anteriores. En el camino vimos al Suroeste la Laguna de Colis. Al Nordeste la de las Garzas, a quien se une por una cañada la de Navarro, desde la cual sigue otra hasta la de Colis, para continuar hasta la de Lobos, que va al arroyo Salado por la del Carrizal. La de Navarro es bastante grande y de agua algo salobre. También vimos al Nordeste del camino muchas chacras y ganados.

Al mediodía tomamos la altura meridiana del Sol, y resultó la latitud de 35° 00' 13'' y la longitud 1° 3' 25'' occidental. Inmediato al fortín hay algunos ranchos, y al Suroeste, al otro lado de la laguna, está la estancia del procurador Almeida, que tiene 36 leguas cuadradas. Nos dijeron que la denunció por realenga a nombre de su hermano, que es un vago fugitivo en la otra banda. Dicho Almeida embaraza que muchos ganados de los vecinos, que viven cerca de la laguna, beban en ella. Quiere también lanzar del gran terreno denominado a otros pobladores muy antiguos, que han defendido la tierra contra los indios, y hacerlos sus tributarios.

| Rumbos | | Distancias |
|---|---|---|
| N | 51 O | 56 |
| N | 30 O | 16 |
| N | 24 O | 22 |
| N | 27 O | 22 |
| N | 4 O | 19 |

**52**

| | | |
|---|---|---|
| N | 11 O | 19 |
| N | 26 O | 23 |
| | ——— | |
| | | 191 |

## Sábado 23

Proseguimos por la mañana la derrota por terrenos semejantes a los de ayer, y al fin del tercer rumbo tomamos la altura meridiana del Sol, que dio la latitud de 34° 53' 7'' y la longitud 00° 44' 5'' occidental. Poco antes cortamos la Cañada del Durazno, que demora al Noroeste; caminamos, y con el último rumbo llegamos al Hospicio de los Padres Mercedarios.

| Rumbos | | Distancias |
|---|---|---|
| N | 56 E | 83 |
| N | 70 E | 51 |
| N | 74 E | 43 |
| N | 60 E | 39 |
| N | 52 E | 44 |
| N | 48 E | 58 |
| N | 45 E | 72 |
| | ——— | |

## Domingo 24

Dimos principio a la marcha, y a las 2 leguas escasas llegamos a la capilla que llaman el Oratorio de Merlo, en el que nos detuvimos. Proseguimos hasta llegar a Buenos Aires con el último rumbo, donde entregamos el presente diario el 31 de julio de 1796.

| Rumbos | | Distancias |
|---|---|---|
| N | 80 E | 152 |
| N | 84 E | 5 |
| | | ——— |
| | | 202 |

Pedro Antonio Cerviño,  } facultativos de la comisión.
Juan Insiarte,

Visto bueno del Comandante de la expedición.
Félix de Azara.

## Oficio de don Félix de Azara al virrey al regreso de su comisión

Excelentísimo Señor:

Don Pedro de Mendoza con su armada, en 1535, fundó esta capital, que despobló en breve tiempo, pasando sus habitantes al Paraguay tan apresuradamente que no pudieron llevar algunas yeguas que poseían y que dejaron abandonadas en el campo. Don Juan de Garay con sesenta paraguayos fundó segunda vez esta ciudad, el día 11 de agosto de 1580, y dividiendo la tierra para estancias en suertes iguales de 3.000 varas de frente y legua y media de fondo, tomó una para sí y dio las demás una para cada soldado.

**54**

Éstos hallaron ya algunos baguales, hijos de aquellas yeguas, que empezaron a domar los que podían tomarlas. Los oficiales reales se opusieron, pretendiendo que eran del rey; y habiéndose formalizado auto, he visto la sentencia que falla injusta la pretensión de dichos ministros, y declara dueño de los baguales al que los pillare. Éste es el origen de la innumerable bagualada que hay en las pampas; que si se destruyese, privaría a los indios del principal sustento, precisándoles a alejarse o reducirse, y se quitaría a los españoles los embarazos que son notorios.

Los ganados vacunos vinieron con Garay, y procrearon en las cercanías, hasta que por descuido o falta de aguas en los años de mucha sequía se escaparon algunos al arroyo Salado, donde en libertad multiplicaron, extendiéndose hasta el Río Negro, y más al Sur, porque aunque los bárbaros Querandís, que hoy llaman pampas, comiesen su carne, eran pocos para destruir su procreo. Los indios de la falda de la cordillera tuvieron noticia de estos ganados, y empezaron a llevar grandes manadas a Chile, cuyos presidentes tenían contratas de ganados con dichos indios. Éstos, que en su país no podían vivir sin algún trabajo, se fueron estableciendo en los campos de los ganados, y algunos se mezclaron con los pampas, de modo que hoy casi todos los indios son de la costa de la cordillera. Al mismo tiempo que los bárbaros destrozaban ganados en las pampas, no se descuidaban los españoles, llevándolos a Córdoba y Mendoza; y los de Buenos Aires hacían mucha corambre de toro y de vacas, porque entonces no se tenía cuenta con eso. De ahí se siguió que a mediados de este siglo estaba exhausto este precioso mineral de cueros, y no habiendo ya ganados alzados en las pampas, se vieron los bárbaros en una especie de precisión de robar el manso o de rodeo en las estancias de esta capital.

Ésta es la época y la causa de la guerra con los indios, que ha ocasionado tantas muertes de una y otra parte. Para sostenerla formó el gobernador don José Andonaegui tres compañías de paisanos campestres, pagados y armados de lanzas. Llamó a la primera valerosa, a la segunda conquistadora, a la tercera invencible, y a todas Compañías de blandengues, porque al pasar la revista en esta plaza blandearon las lanzas. Aunque destinó la primera compañía al Zanjó, la segunda a Luján y la tercera al Salto, no les permitió destino fijo, queriendo que siempre estuviesen en movimiento. Como los bárbaros recibían continuamente reclutas voluntarias de Chile, se hizo necesario aumentar el número de compañías y el de sus plazas o individuos; y para pagarlas se impuso el ramo de guerra, que aprobó el rey en 7 de setiembre de 1760. También se alteró el plan de defensa, porque de errantes y lanceros que eran los blandengues se fijaron en varios puntos o guardias repartidas por la frontera, y se armaron como dragones, sirviendo en caballos propios. Apenas se hubo entablado esto, cuando los hacendados y el Ilustre Ayuntamiento solicitaron que dichas guardias se avanzasen a determinados puntos o parajes, que se hicieron reconocer; pero los dictámenes o informes fueron siempre tan varios y opuestos como las pasiones o modos de pensar de sus autores, y redujeron algunos puestos y adelantaron otros. Yo he reconocido de orden de Vuestra Excelencia todos los fuertes y fortines actuales, y los sitios donde se ha solicitado y solicita adelantarlos, y aun otros más al Sur, y debiendo exponer mi dictamen, lo haré sin preocupaciones ni respetos.

Es para mí indudable que conviene avanzar la frontera, porque con eso se gana terreno, y en él se aseguran muchos cueros para el comercio, carne y pan para la capital, y mulas para el Perú, y quedarán seguras nuestras estancias actuales, donde no podrán penetrar los indios so pena de ser cortados. Los dictámenes opuestos no se han fundado sino en la escasez de aguas y leña, y en que, dicen, es excusado gastar plata en ganar unos terrenos que no se poblarán. Es innegable que las pampas son escasas de leña y aguadas permanentes en tiempos de grandes secas, pero lo es igualmente que los fuertes y fortines actuales se hallan reducidos a beber de pozos, y con menos agua de la que tendrá el que menos de los que se fundaran si se adelanta la frontera. La leña existente de los fuertes actuales se reduce a la que da la pampa, esto es, a biznaga, cardo, etc., que es lo mismo que hay en la frontera proyectada. Todo esto consta del diario que incluyo. Además de que la nueva frontera tendrá leña más inmediata, y con menos riesgo en las islas, donde las va a buscar hoy. Por lo que hace a que no se poblará, lo tengo por cierto si no se ponen los medios, pero si se aplican éstos, según diré después, no ha de faltar población.

Conociendo la utilidad de la nueva frontera, he elegido los puntos más adecuados para establecer los fuertes y los fortines, teniendo muy presente estas cuatro circunstancias esenciales.

1.ª Que cubran completamente los términos de esta capital.

2.ª Que disten entre sí igualmente con corta diferencia, para que la línea sea de igual vigor en todas partes, y para que distribuya el servicio con igualdad a la tropa.

3.ª Que todos los fuertes y fortines estén en una misma dirección, esto es, que no adelanten notablemente unos a otros.

4.ª Que todos tengan buenos pastos, tierras de labor y a lo menos el agua necesaria. Por sujetarme más a estas condiciones, no he aprovechado alguna vez de sitios excelentes, y acaso mejores que los electos.

Elegidos los sitios, debo decir a Vuestra Excelencia la forma que juzgo han de tener los fuertes. He visto con no poca admiración que el que dirigió los actuales los delineó por las reglas de arquitectura militar dictadas por el famoso Vauban, con baluartes y sus flancos arreglados, circundándolos de estacada y foso, gastando en todo mucha plata y tiempo inútilmente. Nuestros enemigos en la frontera no han sido ni pueden ser sino indios de a caballo, armados de bolas y lanza. Esto supuesto, para que la gente esté segura en nuestras guardias, fuertes y fortines, basta que tengan un cuadrilongo de simple estacada, porque no lo han de romper bolas ni lanzas, mucho menos defendiéndolas con armas de fuego. Todos los fuertes de la frontera del Paraguay no son más de lo dicho, ni aun la mitad, como Vuestra Excelencia no ignora. El aumentar obras y costos con decir que los indios pueden sorprender dormidos a los blandengues es cosa que no cabe en buen juicio, porque con más descuido y descanso se podría dormir detrás de muchas trincheras, en cuyo caso de nada servirían si los indios las atacasen. Estoy tan persuadido de que basta la dicho, que no tengo reparo en añadir que para guardar los fuertes y fortines propuestos será suficiente la 3.ª parte de los blandengues. Sin embargo no propongo esta reforma, porque su destino principal no es guarnecer los fuertes, sino el salir a campaña siempre que se ofrezca perseguir a los indios, o atacar enemigos de otra especie; además de que los blandengues han de ser los que han de poblar la pampa, y fomentar con su prest las villas, según diré más adelante. Los fuertes y fortines de la nueva frontera son los mismos en número que los de la actual; esto es, seis de los primeros, uno para cada compañía de blandengues, las cuales deben proveer 20 o 25 hombres para cada uno de los cinco fortines; y las distancias no son más largas que en la frontera existente, y están mejor proporcionadas. He dado luces al ingeniero y al piloto para que hagan el plano de los fuertes y fortines, haciendo ver su figura, los edificios que deben tener y el costo. Por lo que hace a la artillería, no hago alto en eso, respecto a que nunca ha servido ni servirá en la frontera. Lo mismo ha sucedido y sucede en el Paraguay; sin embargo, allá hay un cañón amarrado de firme a un poste dentro de cada fuerte, sin más destino que el de dar aviso; pero como ni para eso sirven aquí, porque rara vez se oirían, podría excusarse el costo de las cureñas. No obstante, si a Vuestra Excelencia le parece, podrá quedar en cada fuerte o fortín un cañón o dos, retirando los demás y los artilleros.

El servicio impuesto a los blandengues por su fundador toca en inhumano, y no llena el fin. El que hacen hoy participa de los mismos inconvenientes, y es éste: De cada fuerte y de cada fortín salen ocho blandengues o milicianos con su cabo, dirigiéndose 10 o más leguas al Sur, y no siendo lícito llevar tiendas ni equipajes, se ven en la dura precisión de subsistir de lo que da el campo, de sufrir la intemperie ocho días, que es el término que se les da para regresar. Inmediatamente sale otra partida igual, y así turna todo el año. La experiencia ha hecho ver siempre que, cuando los indios resuelven un insulto, espían oportunamente una de dichas partidas por la tarde, y la cortan con facilidad poniéndose de noche tras de ella para matarla por la madrugada infaliblemente. Hecho este lance, irremediablemente se introducen entre dos fuertes, hallan en pocas horas nuestras estancias, y arreando el ganado en el mismo día, o la noche siguiente, salen de la frontera sin ser sentidos, porque los que están en los fuertes no pueden saber lo sucedido fuera, ni si entraron los indios, y viven tranquilos, sabiendo que hay una partida exploradora en su frente. Ni la multitud de desgracias de esta suerte, ni los sentimientos de humanidad, han bastado a hacernos variar el plan de defensa, que me parece debe ser el siguiente.

1.º Disponer que en lo sucesivo no se hagan las referidas exploraciones; y

2.º mandar que de cada fuerte y de cada fortín salgan dos blandengues juntos por la derecha, y dos por la izquierda, al amanecer todos los días, y que sigan el camino recto hasta encontrarse en la medianía, donde entregándose un papel o seña que acredite su diligencia regresen inmediatamente. Si los indios hubiesen penetrado, conocerán el rastro; y continuando el uno, y regresando el otro, ambos a la disparada, se pondrá en armas la frontera y reunirán las fuerzas antes que los indios hayan podido consumar el robo, que se les podrá quitar en la misma frontera o dentro, sin necesidad de irlos siguiendo muchos días inútilmente, como ha sido preciso hasta aquí. De este modo se reconocerá toda la frontera sin riesgo y con poco trabajo en dos horas una vez al día, y más si conviniere en tiempos sospechosos. Este plan de defensa disminuye el conocimiento de los campos, que es necesario para adelantar la frontera cuando convenga, y para otros fines. Con esta mira podría salir cada seis meses un oficial con treinta blandengues que reconociesen y diesen razón del terreno que hay distante 20 leguas en todo el frente guarnecido por su compañía.

Como el plan de defensa insinuado puede verificarse por solo los blandengues, con más comodidad y menos riesgo que el que hacen hoy, tengo por excusado que se empleen en la frontera los veinte milicianos que hay en cada fortín. Estos pobres abandonan sus casas, familias, cultivos y cosechas, y no reciben otro estipendio que 20 reales al mes cada uno, a título de ración. Todo eso, sobre injusto, es gravoso al ramo de guerra, que puede ahorrar dicha ración, que asciende a 3.000 pesos al año. Las milicias no deben tomar armas sino para ocupar los fuertes cuando salgan los blandengues, y en algún otro caso extraordinario. Del mismo modo, debiéndose reputar a los blandengues no solo como soldados sino también como a pobladores natos de la campaña, no es regular que las justicias de los partidos se sirvan de ellos para todo, como lo hacen hoy, teniendo más a mano las milicias. Tampoco es justo que se saquen blandengues de la frontera, sino en urgencias muy extraordinarias, porque los que salen abandonan sus casas y familias, cosechas y caballos en que sirven y son propios, no teniendo quien se los cuide, y viéndose precisados a alimentarlos, comprando el pasto en esta capital.

Concluido lo que alude al servicio militar y seguridad de la frontera, trataré del modo de poblarla. Los portugueses y demás extranjeros, cuando quieren adelantar y poblar sus límites, fomentan y auxilian a los que se ofrecen para eso, y además les reparten las tierras, porque saben que el derecho de propiedad que les dan, no solo hace edificar, sino también es una cadena que fija a los hombres para siempre. La experiencia ha hecho ver que a estos medios ha seguido el fin deseado, y Vuestra Excelencia pobló las 150 leguas que hay del Paraná a Concepción, en el Paraguay, valiéndose del medio único, que es repartir las propiedades. Es pues indispensable hacerlo así en la nueva frontera, porque además lo ordena el rey en la cédula que aprueba el ramo de guerra.

La situación que debe darse a los pueblos es punto sustancial, porque si se pusiesen en los intermedios de los fuertes y fortines serían víctimas del furor de los indios, a no ser que se precaviesen con estacadas o foso, o con un muro de adobes o tapia. Todo eso sería, a mi ver, gastar inútilmente, sin que yo entienda la ventaja de tal disposición. Para mí es muy claro que de los blandengues debe esperarse la población de las pampas; no solo porque las defienden y aseguran como soldados, sino también porque son pobladores natos y seguros, y lo será su descendencia, dándoles tierras y sitios, y porque su plata es la que ha de vivificar y fomentar a los paisanos. Esto indica lo que conviene hacer, y es fundar seis villas, situándolas detrás y pegadas a los fuertes, de modo que la estacada de éstos, opuesta a la que mira a la campaña, sea el frente del Sur de la plaza. Por supuesto que las calles han de ser arregladas, y que se han de destinar sitios para iglesia, casa de Cabildo, etc. En esta disposición no necesitarán las villas muros, estacadas ni foso, porque estando pegadas al fuerte y custodiadas con setenta y cinco blandengues nada habrá que temer. La experiencia confirma esto mismo, pues cada fuerte tiene hoy una multitud de casas que lo rodean por detrás y los dos costados, habitadas por 800 o 1.000 almas, blandengues y paisanos, que viven tranquilamente, sin otro resguardo que el amparo del fuerte, y no hay ejemplar de desgracia. Aun en los fortines se ven bastantes ranchos; en la misma forma, uniendo las villas y los fuertes, se logra además que los blandengues las fomenten, y podrán salir todos a campaña en un momento, reemplazándoles los vecinos; pero si las villas estuvieren distantes, no podrían los paisanos dejarlas abandonadas para ir a guardar los fuertes, donde sería preciso dejar la tercera parte de los blandengues, que haría falta en campaña. Todo pueblo nuevo se compone de gente pobre que busca la fortuna, por consiguiente no debe exigirse de los pobladores que hagan edificios vistosos ni de algún costo. Bastará pues que los de las nuevas villas se establezcan bajo la dirección de calles rectas, y que en lo demás a nadie se precise a hacer otra cosa de lo que pudiese o le acomodare.

Aunque se podría juntar pobladores con la fuerza, es mejor hacerlo por medios suaves. Lo que yo dispondría, siguiendo la letra de la real orden o cédula que aprueba el ramo de guerra, es preferir para blandengues a los casados, licenciando si fuese dable a los solteros que no se casasen en el año. Repartiría entre ellos los terrenos de la frontera, no con la igualdad que Garay, sino mejorando a los oficiales y sargentos, y aun a los soldados de haberes suficientes; incluiría en este reparto a todos los paisanos que se ofreciesen para pobladores, dando a los más infelices lo que al blandengue más pobre, y reputando a los demás como a los oficiales y sargentos, porque la riqueza en el reparto debe equilibrar las graduaciones y los respetos. Tampoco deben admitirse paisanos sin familia, y todos, militares y no militares, deben perder sus mercedes y costos si no hacen casa en la villa y llevan las familias dentro del año. Igualmente señalaría tierras, sin precisarle a vivir en la villa, al cacique pampa Miguel Yatigué con su familia, que hace ocho años que vive en Chascomus, donde quiere acabar sus días, y lo mismo digo de cualquiera otro indio que desee vivir entre nosotros, aunque no quiera ser católico.

Si el reparto se hace con equidad y economía, habrá tierras para ejidos y para todos en lo que se avanzará, y cuando no bastasen se debería suplir la falta con las de la frontera actual que son realengas. Pero si, como he oído muchas veces, denuncia terrenos algún vecino de esta ciudad u otra parte, y en consecuencia se nombran agrimensores, tasadores y jueces, se ponen en subasta, y al fin se venden 30 o 40 leguas cuadradas por 80 pesos, no quedará para la villa, ni hay que esperar población. En esta clase de ventas utiliza el erario una friolera, y acaso se consigue que el comprador ponga algún ganado en su estancia; pero estas ventajas las paga muy caras el estado, porque lo primero que hace el comprador es echar a muchos pobres que estaban poblados en lo comprado, o los hace sus tributarios, justificando que ha poblado, según se le manda en la cédula de venta, cuando no ha hecho más que esclavizar a los verdaderos pobladores, sin aumentar ganados ni un solo vecino. Es preciso que el erario se aumente, y de ningún modo se logra mejor que fomentando la población y la riqueza, y no ahogándola

| Rumbos | Distancias directas | Ídem próximas | leguas | | | | | |
|---|---|---|---|---|---|---|---|---|
| Desde Buenos Aires a la Punta de San Luis | O | 15° | N | 130 | | 170 | } | 6 |
| Ídem a Mendoza | | | O | 1/4 | SO | 190 | Ídem | 200 |
| Ídem a Santiago de Chile | | SO | | | | 235 | Ídem | 280 |
| Ídem al Bebedero | | | O | 8° | N | 133 | Ídem | 155 |
| Ídem a San Carlos | | | O | 2° | N | 175 | Ídem | 200 |
| Ídem a la medianía del Río Colorado | SO | 1/4 | O | 135 | Ídem | 157 | | |
| Ídem a la barra de la costa patagónica | SO | 1/4 | S | 125 | Ídem | 146 | | |
| Ídem a la medianía del Río Diamante | O | 8° | S | 146 | Ídem | 170 | | |
| Ídem a la confluencia del Diamante en el Negro | O | 26° | S | 170 | Ídem | 190 | | |
| Ídem a la medianía | | | O | 42° | S | 142 | Ídem | 164 |
| establecimiento de San José | | SO | 1/4 | S | 150 | Ídem | 175 | |
| del Diamante en el Negro | | | O | 25° | S | 40 | Ídem | 48 |
| más inmediata del Diamante | | | | | | 18 | Ídem | 21 |
| Ídem a la más meridional | | | | | | 16 | Ídem | 19 |
| con la Ventana Sur 6° Oeste, distancia 7 leguas | O | 35° | S | 108 | Ídem | 118 | | |
| y largo 14 leguas | | | O | 30° | S | 90 | Ídem | 115 |

| | | | | | | | | |
|---|---|---|---|---|---|---|---|---|
| de la Ventana al Este 7° Sur, y 4 leguas de la costa | S | 10° | | | E | 80 | Ídem | 94 |
| Cabo de San Andrés | | | S | 15° | O | 90 | Ídem | 100 |
| De Chascomus a la Sierra de la Ventana | O | 30° | | | S | 70 | Ídem | 80 |
| Ídem la del Tandil | | | S | 15° | E | 50 | Ídem | 55 |
| Ídem al Cabo de San Andrés | | | S | 20° | E | 65 | Ídem | 70 |
| Laguna Blanca | | | S | 50° | O | 30 | Ídem | 35 |
| La misma al Suroeste de Buenos Aires | | | | | | 55 | Ídem | 60 |

con el velo de ridículos intereses. Acaso dirán algunos que los mencionados pobladores podrían presentarse pidiendo la tierra, y que se les daría; pero no se hablaría así si se supiese que son pobres, y que no pueden costear las diligencias ni aun agitarlas.

Ya se sabe que las poblaciones nuevas necesitan auxilios. Los que pueden darse a las proyectadas son soportables al ramo de guerra, que no tiene otro destino que la seguridad y población de los campos. Me parece que a cada sargento, cabo y blandengue se lo puede anticipar, para hacer su casita, 80 pesos, de los cuales la mitad ha de quedar a su favor, y el resto lo podrá devolver en dos o tres años, descontándolo de su prest. A todo paisano pobre y poblador se le podrá adelantar igual cantidad de 80 pesos, sin cargo de devolverla, dándoles además el primer año un real diario por familia, para que puedan subsistir mientras siembran y se habilitan. En esta gracia no deben comprenderse los blandengues porque tienen su sueldo, y a fin de que no se aventuren las anticipaciones se cuidará de no hacerlas sino a proporción del adelantamiento que se vea, a proporción de la fábrica de la casa, y ésta ha de valer a lo menos la cantidad que se adelantase. También es preciso que nadie pueda enajenar su casa, sitio ni tierras, ni dejar de ser vecino en ocho años, so pena de perderlo todo, con los costos que hubiere hecho, y los derechos y prerrogativas de poblador. Y si por muerte o sucesión pasasen las casas, etc., de padres a hijos, éstos han de estar ligados con las mismas condiciones en dicho tiempo. Igualmente debe suplir el ramo de guerra el costo de las mediciones y diligencias del reparto, y 500 pesos para sínodo de un cura en cada villa, el cual no deberá exigir derecho alguno de sus feligreses, ni otras ofrendas o limosnas que las voluntarias en los cuatro primeros años. En los cuatro siguientes cobrará el cura la mitad de los derechos parroquiales, en compensación de la mitad del sínodo que se le rebajará; y pasados los ocho años se le quitará el sínodo, y percibirá los derechos parroquiales por entero como todos los demás curas. Por supuesto que el propio ramo debe costear la capilla o iglesia, y la casa capitular; pero como todo pueblo es un seminario de enredos, es preciso que a los diez años primeros no haya casa capitular, alcaldes y cabildos, ni más jefe que el militar, y que éste lo sea en todo.

Con lo dicho se verá antes de dos años que cada fuerte será una villa de más de 1.000 almas, porque a más de los pobladores que acudirán de todas partes, todos los que hay en los fuertes actuales, que no bajan de 800 a 1.000 en cada uno, se trasladarán infaliblemente a las nuevas villas, estimuladas de los auxilios y de la propiedad de las tierras, que no tienen donde están. Verdad es que en esta parte no se logrará otra cosa que llevar la gente más adelante, sin aumentar lo que se desea la población de las pampas. Éste es un inconveniente que pudo precaverse cuando se fundaron las guardias actuales repartiendo las tierras, pues era fácil conocer que nadie permanecería donde nada tenía, sino lo que podía tocarle del sueldo que esparcían los blandengues, y que faltando este recurso era preciso que abandonasen el sitio y las tierras, dejándolas como cuando las hallaron, sin un árbol ni durazno para fruta y leña. Si en el establecimiento de nueva frontera se sigue la misma idea que en la actual, de no repartir la tierra a los pobladores por venderla a los forasteros, seguramente se tocará la dificultad de que las villas serán insubsistentes, porque seguirán a los blandengues si se mudan más adelante, como infaliblemente ha de verificarse con el tiempo. Para remediar este mal no veo otro recurso que el de repartir y dar de balde los terrenos a los que se quieran quedar.

Por lo que toca a la oposición que se puede temer de los indios, la considero de poca monta. Algunos caciques han convenido en que nos avancemos lo que se proyecta, y estamos en paz. Pero aun en la guerra no hallaría dificultad en que se arrancasen las estacadas de los fuertes y fortines, y que las carretas que van por sal y salen de toda la frontera las carguen de balde en un día, llevándolas a los nuevos sitios, en lo que no extraviarían camino notablemente, y se podrían plantar en otro día, quedando las tropas y demás trabajos a cubierto.

Todavía me ha parecido indicar a Vuestra Excelencia otro medio de asegurar la tranquilidad y posesión de los pampas con mayor brevedad, ventaja y extensión. Ya dije que el motivo de robar los indios los ganados de esta capital era el de llevarlos a Chile. El camino por donde los conducen es pasando el Río Colorado, y dirigiéndose al punto inmediato de Chuelechel en el Río Negro, que luego costean hasta la cordillera. Consta esto de la explicación que puso el piloto don Basilio Villarino en el mapa que hizo poco ha de dicho

Río Negro, donde también asegura ser esta derrota única, no solo para los indios de la cordillera, sino también para los de sus faldas y llanos orientales, porque cualquiera otro camino no tiene agua. Fundado en eso, dice el mismo Villarino que si nos establecemos en Chuelechel será imposible que los bárbaros puedan conducir a Chile los ganados robados.

Con estos antecedentes parece que debería Vuestra Excelencia hacer entrar por el Río Negro una o dos chalupas de las que hay en nuestro establecimiento, dirigidas por algún inteligente o dos, que llegasen a Chuelechel y le reconociesen con reflexión y conocimiento, para verificar lo que dice Villarino; pues, siendo cierto, es fácil introducirnos desde nuestro establecimiento hasta Chuelechel, y formar en él un fuerte como los mencionados, poco más o menos, guarneciéndole de sesenta blandengues y veinte presidarios con dos chalupillas. Según el mapa de dicho piloto, distaría este fuerte de nuestro actual establecimiento como 80 leguas, que además de ser navegables las han andado nuestras carretas. Quizás se hallará que conviene hacer dicho fuerte en la costa del río, donde el mapa figura una muy grande isla, de buen terreno para cultivos y para mantener muchos ganados con seguridad. Yo no debo entrar en mayores detalles sobre el particular, porque para hablar con fundamento es menester esperar las noticias que ha de traer el comisionado, a quien se habrá de dar instrucción correspondiente.

Me limito, pues, a decir que miro muy factible y fácil establecernos en Chuelechel, y que con esto, siendo cierto lo que asegura Villarino, seríamos dueños de las pampas desde aquí al Río Negro; pues, aunque quedarían algunos bárbaros en este espacio, no habría motivo para temerles, porque no son muchos, ni aun la sexta parte de lo que el vulgo se figura; y además no se atreverían a insultarnos, viéndose cortados, sin poder huir para el Sur a pasar el Río Negro, ni para la cordillera tomando el paso preciso de Chuelechel. Tampoco tendrían motivo de incomodarnos, porque no hallarían a quién vender el ganado robado que ellos no necesitan, contentándose con comer baguales y quirquinchos, que abundan en las pampas. En fin, amparándonos de este paso preciso no podrían los indios del sur del Río Negro ni los de la cordillera y sus faldas introducirse en estas pampas, para unirse con sus indios y robar nuestros ganados, como hasta aquí ha sucedido.

De este modo se facilitaría mucho la población que se desea y tanto conviene al estado en la costa patagónica. Se entablaría insensiblemente comercio por el Río Negro con los indios laboriosos que hay en la cordillera y sus faldas, con Chile; quizás sucedería lo mismo con la ciudad de Mendoza por el Río Diamante, que entra en el Negro y es navegable en las crecientes, según dice Villarino; y sobre todo, esta capital adelantaría una extensión que no baja de 5.000 leguas cuadradas, en que, sin hacer caso de otra cosa, podría mantener más ganados de los que hay en todos los campos de la otra banda, sin que ningún extranjero pudiese participar de sus cueros. Últimamente, con esto se haría Vuestra Excelencia inmortal, sacando a la capital de su virreinato del estado vergonzoso en que se halla, reducida por pocos bárbaros despreciables a límites tan estrechos que en un día se puede salir fuera, y son los mismos que tomó Caray, su fundador, cuando solo contaba de sesenta hombres, 216 años ha.

Los costos que puede tener esta idea son muy inferiores a lo que es capaz de sufrir el ramo de guerra, que los recobraría en breve con el aumento de cueros. Tenemos franca la entrada en el Río Negro, y un establecimiento, chalupas y carretas en su boca; todo está incitando a continuar. Si a alguno le pareciese arriesgado que internemos 80 leguas por el Río Negro, será porque no se acuerda de que somos españoles, de que Garay fundó los fuertes de San Salvador y Santi Espíritu, y Oyolas el de la Asunción, a mayores distancias de España, y entre sí, guarneciéndolos con menos de 100 hombres; y hace tres años que cincuenta milicianos paraguayos han hecho el fuerte de Borbón en iguales circunstancias, y en medio de mayor número de bárbaros, más guerreros y de mayor pujanza que los que hay por acá. Lo peor que puede suceder es que el camino que dicho piloto supone único no lo sea, sino que haya dos o tres. Nada quiere decir esto, pues se reduce a tomarlos todos, cuyo costo es muy inferior a la adquisición de tantas ventajas.

He dicho mi dictamen con la claridad posible; pero como recae sobre materia tan grave, será bueno que Vuestra Excelencia lo haga ver a don Nicolás de la Quintana, a don Manuel Pinazo, al gremio de hacendados, al Ilustre Ayuntamiento y a otras personas y cuerpos, haciéndoles fundar los puntos en que discordasen, para que, mejor impuesto, pueda Vuestra Excelencia resolver lo que tuviese por conveniente.

Nuestro Señor guarde a Vuestra Excelencia muchos años. Buenos Aires, 31 de julio de 1796.

Excelentísimo Señor.

Félix de Azara.

## Otro proyecto de don Francisco Xavier de Viana

Para establecer por ahora una nueva frontera que proporcione la ventaja de conveniencia y seguridad de la campaña de los insultos y robos de los infieles, conviene tirar una línea Noroeste-Sureste desde Chascomus al Cabo de San Andrés, cuya distancia entre ambos puntos es próximamente de 60 leguas.

Dentro de la línea expresada no solo queda la Sierra del Tandil, distante 50 leguas de Chascomus, sino también un terreno cuya superficie no será menor de 2.700 leguas, donde pueden colocarse 168 estancias de 4 leguas de frente y 4 de fondo, área bastante para mantener cada una de ellas 12.000 cabezas de ganado vacuno, caballar y lanar, un buen espacio para ranchos, corrales, siembra de granos, huerta y monte, que se obligará a poner a todo hacendado que haga su establecimiento. Pero a Ezeisa, a quien ha agraciado el gobierno con 96 leguas de superficie, se le obligará a poblar seis estancias con sus respectivos montes, para la seguridad y comodidad común; igual conducta deberá observarse en lo dicho con cualquiera individuo que obtenga una extensión tan extraordinaria como perjudicial y antipolítica a los intereses comunes y del estado.

Cubierta la nueva línea con cuatro guardias, y obligando a los poseedores hagan sus establecimientos en los intermedios de aquéllas, y tengan necesariamente en su estancia cuatro armas de chispa e igual número de blancas, quedará no solo resguardada de los insultos de los infieles tan hermosa campaña, sino que se les arrojará insensiblemente del otro lado del Tandil. Esta mejora proporcionará con el tiempo el establecer otra línea sobre el Río Colorado, para luego avanzar hasta el Diamante, que es la que se debe ocupar para el engrandecimiento del estado argentino.

Las inmensas riquezas que proporcionarían al estado, libres ya de los infieles, las estancias establecidas dentro de la proyectada línea, además de estar sujetas a un fácil cálculo aritmético, las demostraría el empeño de otros muchos pobladores que la codicia haría concurrir a adelantar la segunda; y de este modo se vería muy en breve un aumento considerable en la cría del ganado vacuno, verdadera mina de este suelo, en el que va escaseando este artículo de primera necesidad.

Hay varios medios poderosos y muy sensibles de aumentar la población de la campaña con notable engrandecimiento del estado; pero, para entrar en este detal, era necesario avanzar al todo del plan general, cuyo trabajo lo considero más propio de un hijo de Buenos Aires que de un oriental. Así me limitaré a proponer los lugares de la segunda y tercera línea, con alguna que otra reflexión, señalando los arrumbamientos y las distancias que he ordenado por mi vuelta alrededor del mundo; aunque el método no es el más exacto, al menos me lisonjeo que estarán bastantemente aproximadas.

El Río Colorado debe ser la barrera de la segunda línea de frontera, a cuya empresa, por común conveniencia, deben concurrir por su parte las provincias de Cuyo y Córdoba, en cuyo concepto se establecerá la primera guardia a la distancia que convenga del Bebedero en la frontera de Mendoza, al Norte de la cual, y a la distancia de 25 en las Lagunas de Guanacache, nace el expresado río, enriquecido con las aguas del Corocorto, que tiene su origen en la Cordillera de los Andes, corriendo desde las proximidades del Bebedero en dirección de Noroeste-Sureste, sin formar grandes sinuosidades, la distancia de 150 leguas hasta la barra en el Océano sobre la costa patagónica. En este lugar, por la comodidad del puerto, debería formarse la primera guardia y una población a su abrigo; luego se seguirá aguas arriba a establecer otras doce, hasta encontrar la que se propuso cerca del Bebedero, donde convendría situar otro pueblo. Pero el principal debe establecerse a la distancia de Noroeste-Sureste con la Laguna de Salinas y dicho Colorado.

Pasado un decenio del establecimiento de la línea sobre el Colorado, no dudo que podrá trasladarse la frontera a los últimos caudalosos ríos, Negro y Diamante. El primero nace en la Cordillera de los Andes, no muy distante de la Villa Rica en el reino de Chile, corriendo en dirección Noroeste-Suroeste, enriqueciéndole el Diamante con sus aguas en la dirección Norte-Sur por el espacio de 90 leguas hasta su barra, inmediata a una bien áspera serranía, desde donde corre el Negro Noroeste-Sureste 90 leguas hasta su barra, no muy distante de la Villa de San José en la costa patagónica. Desde este punto hasta la barra del Diamante, en el expresado Negro, deberán establecerse ocho guardias, y las estancias intermedias en los términos dichos anteriormente, e igual número desde la expresada barra, a la distancia que convenga de la del fuerte de San Carlos de la jurisdicción de Mendoza, debiendo fundarse un pueblo en la confluencia del Diamante y otro próximo a la dicha guardia de San Carlos.

El establecimiento de la frontera indicada ha de extenderse en la banda oriental y septentrional de los ríos Negro y Diamante, cuya confluencia de éste en aquél, distante de la Villa Rica en el reino de Chile 60 leguas, nos proporcionará adquirir noticias exactas del camino más cómodo para dicho reino, que según dicen han sido ya muchos los que lo han transitado por este paraje. Yo creo que podría emprenderse, aunque no sin muchos trabajos, dirigiéndose desde la Capilla a la Laguna de Salinas, y siguiendo hacia al Oeste 5° Norte del mundo, y andada la distancia de 50 leguas se pasará el Diamante. Después, con la misma dirección, vencida la de 20 leguas, se tirará al Norte, y por su derecha al Cerro Nevado, desde donde, continuando al Oeste y vencida la de 30, se llegará a Tucapel, pampas de Biobío, distante de la Concepción de Penco 40 leguas al occidente; siendo el todo de la distancia, de la capital a dicha ciudad, la de 300 leguas próximamente. El paso de la cordillera es más suave, accesible y no tan elevada como la que conduce a Santiago.

Si las provincias de Cuyo y Córdoba no concurren con una expedición formal a tan interesante plan, el estado argentino no debe desistir de su empresa a la dilatación de su campaña, cuya riqueza no es fácil calcular; en consecuencia, después de haber establecido la primera línea de frontera hasta Chascomus y el Cabo de San Andrés, pasará al quinto año a establecer la segunda, fundando una buena guardia en Melincué; luego se dirigirá a la Laguna de Salinas, cubriendo el frente del Noroeste a la distancia de 80 leguas con las demás guardias, inclusa la del Monte, debiendo situarse la de Luján como que quede en la misma línea de Salinas. Desde este punto, al extremo Noroeste de la del Tandil, que es todo una serranía, se cubrirá por la parte oriental, en la dirección de Este-Oeste, la distancia de 80 leguas con las restantes, y las que servirán para cubrir la frontera de Chascomus hasta el Cabo de San Andrés, abrazando así una dilatada y pingüe campaña que, unida a la anterior, será capaz de mantener millares de cabezas de ganado vacuno.

Este plan envuelve algunas dificultades; pero también tiene en su favor para realizarlo la adhesión de los caciques Epamés y sus hijos, que se hallan situados próximos a la Cruz de Guerra, en distancia de 55 leguas de la capital; de Victoriano, entre la Laguna de Salinas y Santa Isabel, 110; de Quinteleu, hermano de Victoriano, y en comunicación con los dos de Chile, desde las orillas del Colorado, 120; todos en la dirección del Oeste-Suroeste Este-Nordeste. Estos caciques han manifestado deseos de vivir en sociedad, prestar sus auxilios y contribuir gustosos a tan grande objeto.

El jefe a quien se encargue esta comisión podrá, con su buen modo y con algunos regalos para obsequiar a los caciques, sus mujeres e hijos, y otros de menos consideración, granjearse la voluntad de los infieles, y por este medio conseguir la realización del plan, cuya empresa es gloriosa, no solo por su grandeza, sino también por el relevante servicio que se hace a Dios y a la humanidad.

Los siguientes rumbos son los verdaderos, o del mundo, y las distancias aproximadas incluyen en ellas las tortuosidades.[6]

---

6    Desde Buenos Aires hasta el Saladillo Noroeste; hasta San Luis Oeste ¼ Suroeste; hasta Mendoza Oeste ¼ Noroeste; y Suroeste hasta Santiago de Chile. (N. del A.)

**Libros a la carta**

A la carta es un servicio especializado para
empresas,
librerías,
bibliotecas,
editoriales
y centros de enseñanza;
y permite confeccionar libros que, por su formato y concepción, sirven a los propósitos más específicos de estas instituciones.

Las empresas nos encargan ediciones personalizadas para marketing editorial o para regalos institucionales. Y los interesados solicitan, a título personal, ediciones antiguas, o no disponibles en el mercado; y las acompañan con notas y comentarios críticos.

Las ediciones tienen como apoyo un libro de estilo con todo tipo de referencias sobre los criterios de tratamiento tipográfico aplicados a nuestros libros que puede ser consultado en Linkgua-ediciones.com.

Linkgua edita por encargo diferentes versiones de una misma obra con distintos tratamientos ortotipográficos (actualizaciones de carácter divulgativo de un clásico, o versiones estrictamente fieles a la edición original de referencia).

Este servicio de ediciones a la carta le permitirá, si usted se dedica a la enseñanza, tener una forma de hacer pública su interpretación de un texto y, sobre una versión digitalizada «base», usted podrá introducir interpretaciones del texto fuente. Es un tópico que los profesores denuncien en clase los desmanes de una edición, o vayan comentando errores de interpretación de un texto y esta es una solución útil a esa necesidad del mundo académico.

Asimismo publicamos de manera sistemática, en un mismo catálogo, tesis doctorales y actas de congresos académicos, que son distribuidas a través de nuestra Web.

El servicio de «libros a la carta» funciona de dos formas.

1. Tenemos un fondo de libros digitalizados que usted puede personalizar en tiradas de al menos cinco ejemplares. Estas personalizaciones pueden ser de todo tipo: añadir notas de clase para uso de un grupo de estudiantes,

introducir logos corporativos para uso con fines de marketing empresarial, etc. etc.

2. Buscamos libros descatalogados de otras editoriales y los reeditamos en tiradas cortas a petición de un cliente.

www.ingramcontent.com/pod-product-compliance
Lightning Source LLC
Chambersburg PA
CBHW020602030426
42337CB00013B/1168